Anonymous

Revolutions-Almanach

Anonymous

Revolutions-Almanach

ISBN/EAN: 9783744676670

Hergestellt in Europa, USA, Kanada, Australien, Japan

Cover: Foto ©ninafisch / pixelio.de

Weitere Bücher finden Sie auf **www.hansebooks.com**

Revolutions-Almanach

von

1793.

Göttingen
bei Johann Christian Dieterich.

Vorrede des Herausgebers.

Dieser historische Almanach beschäftigt sich, wie schon sein Titel besagt, ausschließlich mit den gewaltsamen Veränderungen und den Erschütterungen, welche die Staaten und Länder Europens in ältern und neuern Zeiten erlitten haben. Es sind Bruchstücke, ohne chronologische Folge an einander gereiht, aus der Geschichte jener großen Welt=Ereignisse ausgehoben, und mit Treue, Wahrheitsliebe und anständiger Freymüthigkeit geschildert. Erhält dieser Versuch Beyfall, so wird er fortgesetzt werden.

Der Herausgeber bescheidet sich gern, daß manche dieser Ereignisse mehr Empörungen, als Revolutionen genannt zu werden verdienen; allein die weitläuftige Bedeutung, in der man in unsern Zeiten das Mode=Wort Revolution genommen hat, entschuldigt ihn wegen der Wahl des Titels und der Aufnahme jener Begebenheiten.

Von den Lesern, für welche die Insurrection des peuples die heiligste der Pflichten ist, so wie von denen, welche zur Ehre der Preß= und Denkfreyheit und Duldung auf eine Suspension des Recensenten der Revolutions=Schriften in der A. L. Z. und gegen Möser, Girtanner ꝛc. (der Schirache und Hofmanne nicht zu erwähnen) auf ein Auto=da=fe antrugen, — — von ihnen allen, und von den Blättern, die unter ihrem Einflusse stehen, darf der Verfasser der Aufsätze über Frankreichs Umsturz und des Hinblicks auf Helvetien nichts als Tadel, bittern Tadel, erwarten: doch gewiß nicht von Freunden und Anhängern der Wahrheit und jener Freyheit, deren Bild er S. 232 entwarf.

Inhalt.

Inhalt.

I. Vorlesung über die Revolutionen der Staaten, in der Acad. der Wiss. zu Berlin am 6. Oct. 1791 gehalten von dem königl. Preuß. Staatsminister Graf. v. Herzberg. S. 1

II. Neueste Reise der Freyheit auf die Erde. 22

III. Die Sächsischen Bauern-Unruhen 1790. 58

IV. Zwey Beyspiele von Revolutionen aus Fanatismus.
    1. Die Pastoureaux oder Hirten. 81
    2. Die Wiedertäufer. 86

V. Wat-Tyler: eine merkwürdige Begebenheit des 14. Jahrhunderts. 91

VI. Gedächtnißfeyer Arnolds von Winkelried am 9. Julius 1786 zu Stanz in Unterwalden. 99

VII. Züge und Bruchstücke aus der Geschichte älterer und neuerer Revolutionen. 110

VIII. Carl I. Bruchstücke aus der Englischen Geschichte, sonderlich in gegenwärtigen Zeiten lesenswürdig. 153

Inhalt.

IX. Ueber verschiedene Producte der Französischen Revolution.

    1. Die Assignate, Billets de Confiance und neugeprägten Münzen Frankreichs.   S. 185

    2. Die Guillotine oder die neue Köpf-Maschine, nebst der Consultation des Scharfrichters und dem Responsum der chirurg. Academie.   197

    3. Die Piquen und rothen Mützen.   203

    4. Die Jacobiner.   207

    5. Porträte einiger Jacobiner und Deputirten, größtentheils aus handschriftlichen Nachrichten.   217

    6. Ueber einige Wörter, welche durch die Französ. Revolution in Umlauf gekommen sind: Aristocrat, Freyheit, Gleichheit, Menschenrechte, Denkfreyheit.   231

X. Urkunde des Anfangs der Schweizer-Revolution. Hinsicht auf das gegenwärtige Helvetien.   238

XI. Erläuterung der Kupfer.   253

XII. Nacherinnerung des Herausgebers zu der Anmerkung S. 68.   282

I.

Vorlesung

über

die Revolutionen der Staaten

in

der Academie der Wissenschaften zu Berlin am 6. October 1791 gehalten, von dem königl. Preußischen Staats=Minister, Grafen von Herzberg.

.... Ich theile der erlauchten und zahlreichen Versammlung einige allgemeine Betrachtungen und Bemerkungen über das große Wort Staatsrevolution mit, das jetzt den größten Theil pro und contra beschäftigt, um zu zeigen, daß es nicht so viele große Revolutionen in der Welt gegeben hat, als

als man gemeiniglich glaubt; daß sie in der gegenwärtigen Lage weder so häufig, noch so gefährlich seyn können, als in vorigen, entferntern Jahrhunderten, und daß der jetzt regierende König von Preussen und sein großer Vorgänger Friedrich II., ja selbst ihre Vorfahren, die Könige Friedrich Wilhelm I., Friedrich der I. und der große Churfürst, während ihrer Regierung am meisten beygetragen haben, den schädlichen und für das öffentliche Wohl, die allgemeine Ruhe und das Gleichgewicht von Europa gefährlichen Revolutionen vorzubeugen; denn die Erhaltung dieses Gleichgewichts der Macht ist die beste und sicherste Schutzwehr gegen Revolutionen.

Ich glaube, man kann den Ausdruck Staatenrevolution ziemlich richtig so definiren, daß darunter jede große, gewaltsame und gezwungene Veränderung, entweder des Besitzes der Staaten, oder ihrer politischen, bürgerlichen und religiösen Verwaltung, sonderlich in Rücksicht auf große Nationen und Mächte, verstanden werde.

Wenn ich diese Definition auf die Geschichte aller bekannten Zeitalter anwende, so glaube ich behaupten zu dürfen, daß es nie mehr als drey Arten großer Staatenrevolutionen gegeben habe, noch je geben kann, nähmlich äussere, innere und religiöse Revolutionen, und daß selbst alle drey, sonderlich die beiden erstern, sich nur in sehr geringer Anzahl ereigneten.

Aeussere

Aeuſſere Revolutionen können ſich, nach meiner Meinung, nur zutragen, wenn große Staaten oder Reiche, und die Völker, die ſie bewohnen, ſich der großen Revolution unterwerfen müſſen, durch den Einfall und die äuſſere Gewalt einer fremden Nation verändert und unterjocht zu werden, und ſo Herrſchaft und Herren wechſeln. Die Geſchichte kennt nur drey große Revolutionen dieſer Art, nähmlich

1. Die des großen Alexanders, welcher einen großen Theil von Europa, Aſien und Africa eroberte, und die Macedoniſche oder Griechiſche Monarchie ſtiftete.

2. Die Revolution der Römer, welche die verſchiedenen Theile des Griechiſchen Reichs in Europa, Aſien und Africa zertrümmerten, einen großen Theil des übrigen Europa's und die bewohnten Küſten Africa's ſich unterwarfen, und darauf jene große Römiſche Monarchie gründeten.

3. Die große im 3., 4. und 5. Jahrhunderte der Chriſtlichen Zeitrechnung, durch die berühmte Wanderung der Abendländiſchen und Deutſchen Völker in Europa, und durch die Araber und Turcomannen in Aſien und Africa bewirkte Revolution. Es iſt den Kennern der Geſchichte bekannt, und ich habe es umſtändlich in meiner erſten academiſchen Abhandlung bewieſen, daß die Wandalen, die Rubiger, die Heruler, die Gothen, die Franken, die Angeln, die Burgunder, die Longobarden und einige andere Deutſche Nationen (die faſt alle aus dem Theile Germaniens

maniens stammten, welcher zwischen der Weser und Weichsel liegt, und jetzt die vornehmsten Länder der Preußischen Monarchie ausmacht) das Römische Reich zerstört, seine verschiedenen Provinzen erobert, und auf den Trümmern dieses großen Colosses die Königreiche in Deutschland, Italien, Frankreich, Spanien, Portugall und England gegründet haben, die noch jetzt vorhanden sind. Eben so ist es weltkundig, daß die Araber, Muhameds Anhänger, und die Turcomannen, die sich mit ihnen vermischten, zu gleicher Zeit den östlichen Theil des Römischen Reichs vernichteten, und das Türkische Reich der Osmanen stifteten, welches noch jetzt in Klein-Asien, Syrien und Aegypten vorhanden ist, so wie andere Zweige derselben Nation ein gleiches in Persien, Arabien, Marocco und an den übrigen Seeküsten Arabiens thaten. Wenn man einen ganzen, allgemeinen und concentrirten Blick auf die Geschichte wirft, so wird man mit mir einsehen, daß es nur diese drey große Revolutionen gab, welche den größten und bekanntesten Theil des Erdballs, und jene Monarchien angingen und betrafen, die sich durch ihren ungeheuren Umfang und die Größe ihrer innern Kraft ausgezeichnet haben. Ich glaube auf der Liste dieser großen äussern Revolutionen alle diejenigen einzelne Theile nur betreffende, mährchenhafte und sogar ungewisse Revolutionen weglassen zu müssen, die vor dem Zeitalter des großen Alexanders in Asien und Africa, durch einen Bacchus, Sesostris, Cyrus, bewirkt

wirkt seyn sollen; und eben so auch die andern, nur einen Theil betreffenden und nur eine Zeit dauernden Revolutionen, welche in weniger entfernten Zeitaltern, in China, der Tatarey, in Indien und in andern Theilen Asiens und des Abendländischen Europa's durch die nicht unterstützten Eroberungen eines Attila, Dschingischan, Timurchan, der Mongolen und der Manschu-Tatarn u. s. w. sich zugetragen haben. So kann man ebenfalls noch weniger unter die großen Revolutionen diejenigen zählen, welche in dem wenig bekannten Innern von Africa und America sich ereignet haben, weil diese beiden Welttheile vorher ganz ausser aller Verbindung mit den beiden übrigen standen.

Diese Revolutionen großer Reiche sind bekanntlich durch ihren zu großen Umfang bewirket worden, welche ein einzelner Mann schwerlich zu umfassen, zu vertheidigen und zu regieren vermag; ferner durch die Schwachheit, Unfähigkeit und durch die schlechte Politik ihrer Souveräne; durch die Verunglimpfung des Characters und die Ausartung der Sitten der Nationen, welche diese weitläuftigen Monarchien bewohnten, wie durch die Civilisirung und angeborne überwiegende Tapferkeit der benachbarten Völker, welche bey dem Sturz der Regierungen und des Characters der Souveräne und der Bewohner großer Monarchien ihren Vortheil fanden, und kurz durch jenen Wechsel, welcher das Loos aller menschlichen Dinge ist.

Es erhellt aber auch zu gleicher Zeit aus allen diesen Betrachtungen, und noch aus vielen andern, welche die Zeit mir nicht erlaubt, hier alle aufzuführen, daß man sich vor diesen Revolutionen großer Reiche nicht mehr zu fürchten brauche, weil die Ursachen dazu nicht mehr vorhanden sind. Alle Reiche Europens sind nicht von einem so übergroßen Umfange, daß sie nicht gut verwaltet und vertheidigt werden könnten. Die Regenten sind jetzt besser unterrichtet und für ihr wahres Interesse aufgeklärter, als sie vor diesem waren; die Regierungsformen sind fester und künstlicher zusammengesetzt und modificirt, und haben sogar Mittel gefunden, die Unzulänglichkeit der Souveräne und ihrer Minister durch Mitwirkung anderer Staaten zu ersetzen. Sie sind viel zu gut gerüstet, als daß sie, wie vor Zeiten, durch wilde und zahlreiche Horden überfallen und umgestürzt werden könnten; ein Staat hält den andern in Respect. Ich bin überzeugt, und glaube es auch beweisen zu können, daß die beiden großen Preußischen Könige, Friedrich Wilhelm I. und Friedrich II, statt durch ihre große Heere ein Uebel zu stiften, vielmehr der Menschheit einen wesentlichen Dienst erzeigten, indem sie große stehende Armeen bildeten, und ihre Nachbarn dadurch zwangen, ihr Beispiel nachzuahmen. Nach meiner Meinung legten sie durch dieses Mittel, und durch ihre thätige und kräftige Obacht auf das Gleichgewicht der Gewalt einer jeden Macht den wahren Grund zu einem ewigen

Frieden

Frieden, der weit dauerhafter ist, als der ewige Frieden Heinrichs IV. und des Abts de Saint Pierre. Die Einwürfe und Klagen, die man gewöhnlich wegen der großen und stehenden Armeen erhebt, haben wenig Grund, und müssen ihre ganze Kraft verlieren, wenn man überlegt, daß die Last, welche aus der Unterhaltung dieser Armeen entspringt, durch ihren Nutzen compensirt wird, indem sie nicht allein ihrem Lande einen wo nicht anhaltenden, doch wenigstens langen Frieden, und ungleich mehr innere Sicherheit und gute Polizey verschaffen, als man in unmilitärischen Staaten antrifft, sondern weil auch das Geld, das zur Unterhaltung der Truppen erhoben und verwendet, und unverzüglich von diesen Truppen in ihren Besatzungsplätzen wieder ausgegeben wird, eben durch diese Consumtion dem Volke und der Provinz, die es vorschoß, wieder zufließt, und ihm so eine ersprießliche Erleichterung, und sogar Wohlstand, durch einen richtigen und vervielfältigten Umlauf dieses Geldes verschafft; es versteht sich, daß die Armeen weislich in alle Provinzen und Städte, und nicht an den Grenzen vertheilt, und weder mit der Volksmenge, noch den Kräften des Staates in einem zu großen Misverhältniß stehen, kurz, daß es damit so beschaffen seyn muß, wie uns eine glückliche Erfahrung in der Preußischen Monarchie belehrt, wo in jede Provinz eine Anzahl Truppen vertheilt und dem Einkommen des Landes angemessen ist; wo das Heer nicht zu übertrieben groß, und der Regent im Stande ist, dessen Unterhalt von seinen gewöhnlichen Einkünften zu bestreiten, so daß bekanntlich noch ein großer Ueberschuß übrig bleibt, wo es so wohl durch das in Cantone vertheilte Land, als durch die Armee selbst, und durch fremde ziemlich mäßige Werbung recrutirt wird, welcher letzteren man sogar mit der Zeit überhoben seyn könnte, wenn man nähmlich auf das bestmöglichste die Heirathen der Soldaten und die Erziehung ihrer Kinder begünstigte, wozu man einen Theil des Geldes anwenden könnte, das bisher zu fremden Werbungen bestimmt war; die Armee würde dann fast ganz national, und so unüberwindlich; und der Ackerbau wegen der großen Anzahl beurlaubter Nationalsoldaten, deren Arme zehn oder selbst eilf Monate der Cultur des Landes sich wieder widmeten, nicht gehindert, sondern vielmehr noch stärker begünstiget werden. Man verzeihe diese Nebenbemerkung meinem Preußischen Patriotismus, der mich in keiner Lage meines Lebens verlassen wird.

Während des 16. und 17. Jahrhunderts wurde Europa wechselsweise mit einer großen Revolution und einer Universalmonarchie, durch die Häuser Oesterreich und Bourbon unter Carl V, Ferdinand II. und Ludwig XIV. bedrohet. Die weitläuftigen Besitzungen und die überwiegende Macht dieser Monarchen, ihre ehrgeizigen und oft ungerechten Unternehmungen, und sonderlich die stehenden und

allzu

allzu zahlreichen Heere, welche Ludwig XIV. zuerst führte, während seine Nachbarn deren nur sehr unbeträchtliche auf den Beinen hatten, bewirkten dieses. Doch diese für Europa so critischen Perioden gingen glücklich, theils durch die Fehler dieser Souveräne, theils durch die Tapferkeit und gute Politik eines Moritz von Sachsen, eines Gustav Adolph von Schweden, eines Friedrich Wilhelm, Churfürsten von Brandenburg, eines Wilhelm von Nassau, eines Königs von England, eines Friedrich II., Königes von Preussen, und durch die weise Coalition vorüber, welche Frankreich und Schweden, und in der Folge die beiden Seemächte und Preußen, mit einigen andern Mächten von Zeit zu Zeit eingingen, um das Gleichgewicht der Macht gegen eine oder die andere dieser überwiegenden Monarchien wieder herzustellen, wie dieses in dem dreyßigjährigen Kriege und in den Kriegen mit Ludwig XIV. geschah. So stellte unser großer und unsterblicher König Friedrich II. im Bunde mit England das Gleichgewicht der Macht in dem siebenjährige Kriege wieder her; ein Gleiches that er allein und ohne Gewinn, mit ungeheuren Anstrengungen, ohne das mindeste Privatinteresse, im Baletischen Kriege, imgleichen durch den Fürstenbund, der mit eben so vieler Kühnheit als Kraft ausgedacht und ausgeführet wurde. Auch unser jetzt regierende König hat vielleicht mehr, als irgend ein Souverän, zur Erhaltung dieses Gleichgewichts beygetragen, indem er so wohl den Deutschen Fürstenbund beständig aufrecht erhielt, wovon er die erste Idee vor seiner Gelangung auf den Thron gehabt und angegeben hatte; als auch während des kurzen Zeitraums seiner Regierung, indem er durch die Revolution in Holland das Gleichgewicht der Macht in Süden von Europa und selbst in Ostindien wieder herstellte, und England wieder in Verbindung mit Deutschland und dem ganzen festen Lande setzte; eine Verbindung, die es durch den überwiegenden Einfluß Frankreichs und Hollands fast ganz verlieren wollte: er befestigte dieses Gleichgewicht der Mächte in Norden und Osten durch seine eben so nachdrückliche und wirksame, als edelmüthige und uneigennützige Verwendung für drey große Staaten, die, wo nicht mit einer gänzlichen Zerstörung, doch wenigstens mit einer großen Revolution bedroht wurden; er sicherte die Existenz des einen durch die Schlüsse zu Reichenbach und Szistova; und die Autonomie der beyden andern durch den Tractat und die zu Warschau gethane Erklärung, und durch andere den Staatsmännern hinlänglich bekannte Verhandlungen.

Die Stimmung für die republicanische Regierungsform, welche die beiden großen Monarchien Englands und Frankreichs, die erstere 1689, und die zweyte 1789 durch die, sie allein angehende Revolutionen erhalten haben, kann auch dazu beytragen, die allgemeine und fortdauernde Ruhe Europens und die Erhaltung des Gleichgewichts zu sichern,

sichern, indem sie, laut ihrem politischen und natürlichen System und laut ihrer gethanen Aeusserungen, allen ehrgeizigen Planen auf ihre Nachbarn entsagten, und durch die große Masse ihrer innern Macht selbst diejenigen Plane verhindern werden, die jeder andere Fürst brüten und wagen wollte.

Verbindet man einige Umstände und die Mittel, die ich eben zergliedert habe, mit dem Bundessystem, das Preußen mit den beiden Seemächten angenommen, und welches bey den letzten Unruhen in Holland und in Osten zur Erhaltung des Gleichgewichts Europens so gut gefruchtet hat, so läßt sich mit einer Art von Gewißheit folgern, daß dieß Gleichgewicht, so wie die Ruhe und Sicherheit Europens, erhalten werden könne, vorausgesetzt nähmlich, daß man auch die Ruhe und Sicherheit Deutschlands erhalte, welche nur durch einen Faden an der Mäßigung des Hauses Oesterreich auf der einen, und der guten Politik und Aufrechterhaltung des Hauses Brandenburg auf der andern Seite hangen. Denn sollte das große und welt umfassende Deutsche Reich, das im Mittelpunct Europens liegt, und von der zahlreichsten und kriegerischesten Nation bewohnt wird, unter die despotische Botmäßigkeit eines einzigen ehrgeizigen und geschickten Monarchen gezwungen werden, wie dieses ohne die Fehler Carls V. und Ferdinands II. geschehen seyn würde, und wie das noch geschehen kann, so bald das Gegengewicht der

der nur mittelmäßigen Preußischen Macht, von ihren eigenen Kräften und von ihren natürlichen Alliirten unterstützt, zu existiren aufhören sollte; so könnte sich diese große centrale Macht mit leichter Mühe von Deutschlands beiden Seiten ausdehnen, und nach der Universalmonarchie Europens, die man zwar jetzt als ein bloßes Hirngespinst betrachtet, die aber zu den Zeiten Carls und Otto des Großen wirklich vorhanden war, nicht allein trachten, sondern auch wirklich gelangen.

Die zweyte Art großer Staatsrevolutionen ist die religiöse, die eine gänzliche Veränderung des Gottesdienstes in einer großen Anzahl von Ländern erzeugt, und auch einen großen Einfluß auf ihre bürgerliche Verfassung hat. Ich glaube nur zwey große religiöse Revolutionen annehmen zu können. Die erste Revolution dieser Art ist das Christenthum, welches in den cultivirtesten Ländern Asiens, Africa's und Europa's die Vielgötterey der heidnischen, vorher allgemein herrschenden Religion aufhob, und dafür die Einheit der Gottheit einführte. Sie hat in diesem Stücke die Mohammedanische Religion zur Nachfolgerinn gehabt, so daß diese beiden Religionen, die in Ansehung des großen Lehrsatzes der Einheit Gottes übereinstimmen, sich seit Jesus Christ und Mohammed fast ununterbrochen in allen cultivirten Ländern der vier bekannten Welttheile ausgebreitet und erhalten haben. Als eine zweyte religiöse Revolution kann

kann man auch die Reformation betrachten, die im 16. Jahrhunderte durch Luther und Calvin bewerkstelligt wurde, sich durch einen Theil der Europäischen Reiche ausbreitete, und Einfluß auf die bürgerliche Verfassung und auf die Fortschritte der Philosophie und Aufflärung bey allen Nationen, sowohl von der einen als der andern Religionspartey hatte. Unterdessen war diese Reformation nur eine Partial-Revolution, und man trifft von ihr in den verschiedenen Europäischen Ländern mancherley Abstufungen an.

Die dritte Art der Revolution ist die innere, und stets nur partial. Sie betrifft die innere Veränderung der Verfassung der großen und kleinen Staaten, und beschäftigt sich gewöhnlich mit der Einführung oder Abstufung der drey vornehmsten Regierungsformen, nähmlich der monarchischen, aristocratischen und democratischen. Dergleichen innere Revolutionen sind fast in allen Staaten Europens, Asiens und Africa's sehr häufig vorgefallen. Es würde unnöthig seyn, sich über die Revolutionen heraus zu lassen, die sich in Griechenland und Asien vor der großen Macedonischen Monarchie Alexanders des Großen zutrugen, deren Regierungsform in allen ihren Theilen monarchisch blieb, bis sie durch die Römer vertilget wurde. Die Römische Macht allein verdient, daß wir uns mit ihr besonders beschäftigen. Es ist aus der Geschichte bekannt, daß der kleine Römische Staat unter den Königen bis zu

der

der Vertreibung der Tarquiner monarchisch war. Aus dieser Vertreibung entstand eine Revolution, seit welcher der Römische Staat bald democratisch, bald aristocratisch, aber immer republicanisch war; die monarchische Regierung wurde der Sache nach durch die Dictatoren, in aller Form aber durch Cäsar August wieder hergestellt. Seit dieser zweyten großen innern Revolution des Römischen Reichs behielt es seine monarchische Form bis zu seiner Zerstörung durch die Deutschen Nationen, die man Barbaren nannte, bey; eben diese Nationen, die schon von Königen und Herzogen unter einer monarchischen, obgleich sehr gemäßigten Form, beherrscht wurden, blieben fast alle der monarchischen Regierung in den abgerissenen Provinzen des Römischen Reichs, als in Frankreich, Spanien, England, Italien, Ungarn und selbst in Deutschland treu; nur einige geringere Staaten, als Holland, die Schweiz, Venedig, Genua u. s. w. wurden durch eigene Revolutionen zu aristocratischen oder democratischen Republiken, welche Revolutionen aber auf die übrigen großen monarchischen Staaten Europens wenig Einfluß hatten. Sie haben sonderlich seit der Erlöschung der Carolingischen Könige Deutschlands und Frankreichs mehr oder minder große Revolutionen in ihren Regierungsformen erlitten, die jedoch auf das Total von Europa ohne entschiedenen Einfluß blieben. Germanien oder Deutschland erduldete nie eine äußere Revolution, weil es nie von einer fremden Nation

tion unterjocht wurde; es stand auch keine große innere Revolution aus, sondern es behält noch bis auf den heutigen Tag die Form einer monarchischen Regierung bey, ob diese gleich sehr eingeschränkt, und sehr noch im alten Geschmack feudal ist. Deutschland ist eigentlich eine aristocratische Republik, die sich unter dem Schutze eines Kaisers oder Monarchen vereiniget hat; dieser Kaiser soll einen Nachfolger der alten Römischen Kaiser vorstellen, und doch hat er keine andere reelle Macht, als die Besitzung seiner eigenen Erbländer. Wollte man ja in der Geschichte des Deutschen Reichs innere Revolutionen aufsuchen, so müßte man allenfalls die dazu rechnen, welche sich nach der Erlöschung des Carolingischen und Sächsischen Stammes ereignete, wodurch allmählich die Erbfolge den Herzogen, Prinzen und Grafen Deutschlands, und die Einführung der Churfürsten zuwege gebracht wurde; zweytens die, welche das Reich nach dem großen Interregno zu einem Wahlreich umschuf; und drittens die, welche durch die Lutherische Reformation und den Religions- und Westphälischen Frieden drey Religionen im Reiche stiftete, und durch diesen letzten Frieden auf eine ziemlich pünctliche Weise die wechselseitigen Verhältnisse und Rechte der Kaiser und der Stände des Reichs bestimmte, so daß daraus eine Art von verbündeter Republik entstand. Wird Deutschland diese Regierungsform, und zwischen seinen verschiedenen Ständen das richtige Gleichgewicht von Macht und das gegen-

gegenseitige Vertrauen erhalten; so kann dieses Bündniß so wohl sein inneres Gleichgewicht, als das Gleichgewicht von ganz Europa so lange behaupten, als Deutschland nicht durch eine mögliche Revolution unter die Gewalt eines einzigen despotischen Monarchen geräth. Das hängt denn nun weder von den Verträgen, noch von den persönlichen und zeitlichen Stimmungen der Monarchen, sondern von ihrem natürlichen und befolgten System, von der Stärke ihres reellen Interesse und von dem Drange der Zeitumstände ab.

Es hat viele innere Revolutionen in den übrigen Europäischen Reichen, als in Dännemark, Schweden, Ungarn u. s. w. gegeben; aber diese Staaten sind von dem Mittelpunct Europens zu entfernt, als daß ihre Revolutionen und ihr innerer Zustand auf das allgemeine Gleichgewicht von Europa wesentlich wirken könnten.

Eine von den großen äussern und innern Revolutionen ist die, welche gegen das Ende des 16ten Jahrhunderts den großen Körper der Niederlande trennte, sieben Provinzen davon der Spanischen Krone entriß, und jene erlauchte Republik oder vereinigten Niederlande bildete, die seit dem zwey Revolutionen in ihrer innern Verfassung erlitten hat. Die letzte Revolution, welche 1787 in Holland durch die kräftigen und weisen Maaßregeln des Königs, so wie durch die Tapferkeit des regierenden Herzogs von

Braun-

Braunschweig bewerkstelligt wurde, die Ruhe und gute Ordnung dieser Republik wieder gab, und das durchlauchtige Haus Nassau in seine gerechten Ansprüche wieder einsetzte, kann zur Erhaltung des allgemeinen Gleichgewichts so wohl von Europa, als von Deutschland, viel beytragen, indem sie solches auch zwischen England und Frankreich herstellt, und dem Bundessystem Preußens und der Seemächte zum Bande dienet.

Die Geschichte Englands zeigt uns eine weit größere Anzahl von äussern und innern Revolutionen, z. B. die Eroberung durch die Angelsachsen, Dänen und Normänner; die Revolution der Einsetzung des Parlaments und der Magna charta; die Revolution Cromwells und Carls II. Doch die neueste und wichtigste ist die vom Jahre 1689 durch welche der große Wilhelm von Nassau das Haus Stuard entthronte, und die Nation bey dieser Gelegenheit durch die berühmte Bill of rights ihre Constitution auf eine Art reformirte und verbesserte, die sie zu einer der glücklichsten und festesten Constitution der Welt macht.

Wir sind jetzt Augenzeugen der berufenen Französischen Revolution, der ausserordentlichsten von allen, welche die Geschichte uns aufweiset, und durch welche die Französische Nation, aufgeklärt und angetrieben von den neuern Philosophen, die bestmöglichste Constitution gründen, und sogar die Englische liche übertreffen will, indem sie Monarchie und Republik vereinigt oder vermischt, und der Nation die gesetzgebende Macht und dem Könige die ausübende Macht zusichert, doch so, daß dieser den Stellvertretern der Nation untergeordnet bleibt. Es kommt mir weder zu, noch ist es hier der Ort, noch mag ich über den Werth und das künftige Schicksal dieser Revolution ein Urtheil voraus zu fällen, mir anmaßen; allein ich glaube, daß man mit mir der Meinung seyn wird, daß wenn diese Revolution dazu dienen könnte, die Mißbräuche der Französischen Monarchie, die vielleicht mehr aristocratisch als despotisch war, zu bessern und zu mildern; die Bürden der Nation durch eine bessere Oeconomie und durch die Tilgung der zu großen Schulden zu verringern; und sogar die Regierung bey ihrer mehr republicanisch gewordenen Form, gemäßigter in Rücksicht aufs Ausland, minder eroberungssüchtig und geneigter und einstimmiger mit England und Preußen zu machen, das Gleichgewicht der Macht und die allgemeine Ruhe Europens durch die großen Mittel zu erhalten, in deren Besitz Frankreich ist: so würde, im Fall auch alles dieß geschähe, doch noch immer der Wunsch übrig bleiben, daß diese Revolution mit weniger Gewaltthätigkeit und Ungestüm des Volks ausgeführt worden seyn möchte; daß sie nicht die Würde und Person des Souveräns erniedrigt hätte, der die Nation von innen und außen vorstellt; daß sie nicht allen Unterschied der Geburt und der Classen abgeschafft,

abgeschafft haben möchte, da er bey jeder Regierungsform nützlich und nothwendig ist, um den Wetteifer anzufachen und zu nähren, und uns die Menschen zum Dienst des Vaterlandes vorzubereiten, wie ich dieses in meiner letztern academischen Abhandlung, und sonderlich durch das Beyspiel des Türkischen Reichs gezeigt habe. Man hätte nicht die Menschenrechte allzu weit ausdehnen und sie willkührlich und dem democratischen Despotismus unterwürfig machen sollen, der weit gefährlicher ist, als der monarchische.

Die Pohlnische Nation, die ohne Zweifel durch das Beyspiel der Französischen dazu aufgemuntert wurde, gab vor Kurzem das neue Beyspiel einer Revolution, welche aber mit mehr Ordnung und Mäßigung ausgeführt war. Sie kann diese Nation und ihre Constitution so glücklich machen, als ihre locale Lage es ihr erlaubt, so bald sie solche mit eben der Mäßigung und Weisheit von innen und von aussen fortzuführen und zu gebrauchen weiß, wie sie solche erzeugt, in Thätigkeit gesetzt, und zur ersten Ausführung gereift hat.

Es ist eben nicht sehr zu fürchten, daß andere Europäische Nationen dem Beyspiele und Muster der Französischen Revolution so bald nachfolgen möchten, weil alle Augenzeugen ihrer Uebereilung und ihrer großen schädlichen Folgen gewesen sind: keine Nation hat einen so aufbrausenden und schwärmerischen Character,

Character, als die Französische Nation, seine schmachtete unter einer so drückenden Regierungsform und unter einer Last wie jene: alle gegenwärtigen Regierungsformen Europens, und sonderlich die monarchische, sind gemäßigt geworden, sie zeichnen sich durch Ordnung und durch innere Kraft aus, und nähern sich allmählich der Sanftmuth der republicanischen Regierung, die in manchen Ländern weit härter ist, als die monarchische. Selbst die Preußische Regierung, die aus Vorurtheil und Mangel an Kenntniß bey dem Ausländer für despotisch ausgeschrien wird, ist es nicht im wahren Sinn des Worts, sondern vielmehr eine der sanftesten und gerechtesten die es gibt, wie ich solches in einer besondern Abhandlung vom Jahre 1789 und in der ganzen Reihe meiner academischen Dissertationen, durch das Beyspiel der letzten Regierungsjahre Friedrichs II. und der ersten Regierungsjahre Friedrich Wilhelm II. bewiesen habe. Ich könnte neue Beweise davon aufstellen, wenn ich hier Rechenschaft von der Preußischen Staatsverwaltung im Laufe des vergangenen Jahres ablegen wollte, aber es gebricht mir dazu an Zeit, und über dieses ist der König verhindert worden, sich dieses Jahr ganz mit der innern Verwaltung seiner Provinzen zu beschäftigen, und sie eben die Wohlthaten schmecken zu lassen, welche sie in den letztern vorhergehenden Jahren der beiden Regierungen genossen haben, denn der Vertrag zu Reichenbach und die Vermittelung zu Szt=
stowa,

ſtowa, haben ihn zu ſehr beſchäftigt, und davon abgezogen, um die letzte Hand an das große Werk des allgemeinen Friedens zu legen. Ich meines Theils habe daran aus allen den Kräften gearbeitet, deren ein Menſch und Patriot fähig iſt, und es war gewiß nicht Mangel an Eifer, wenn es mir nicht völlig und bis zum Ende glückte, und wenn ich mich durch die Umſtände gezwungen ſah, meine 45jährige diplomatiſche Laufbahn zu verlaſſen um mich ganz andern Beſchäftigungen, dem Landleben, dem Dienſt der Academie, und der Sorgfalt zu widmen, eine vollſtändige und pragmatiſche Geſchichte von unſerm Friedrich II, dem Nahmen ſonder Gleichen, zu liefern. . . . . .

II.

Neueste Reise

der

Freyheit auf die Erde.

Vor Kurzem wurde ein Manuscript des Menipp *), der, wie Jedermann weiß, der Carra-Marat des himmlischen Clubs war, in dem Wandschrank eines Bibliotheksaals gefunden, welchen aufgehobene Bernhardiner vor Zeiten in einen Speisesaal verwandelt hatten.

Man hatte oft lange Weile an Jupiters Hof, fängt Menipp seine Erzählung an, ob es gleich fast immer Streit und Zank mit Juno gab. Die großen Götter waren gar zu stolz und übermüthig, die großen Göttinnen gar zu herrschsüchtig und gebieterisch, so daß der Pöbel der Gottheiten von der zweyten Classe, stets Ursache fand, über irgend eine Gewalt-

---

*) Man schlage die Dialogen des Lucians nach.

Gewaltthätigkeit, Ungerechtigkeit oder böse Laune Klagen zu führen. Es gab da keine Gleichheit, um das alles zu versüßen; die Tyranney des Eigenwillens und der Meinungen war in einer kleinen Anzahl von Köpfen concentrirt: mit Einem Worte, obgleich die Freyheit das himmlische Reich bewohnte, so hätte man doch schwören sollen, daß sie nicht anwesend gewesen wäre, so entfernt hielt man sie von Jupiters und Juno's Throne, und in einen dunkeln Winkel gedrängt. Ein Aufstand des Götterpöbels, der in einigen recht geheim gehaltenen Clubs verabredet worden war, versuchte es eines Mahls, die Dirne Freyheit auf die Bühne zu bringen; aber kaum erschien sie vor den großen Göttern, als sie alle, und sonderlich die Göttinnen, an ihrem Costum das größte Aegerniß nahmen. Sie hielt nach alter Sitte in der rechten Hand einen Scepter und in der linken einen kleinen runden Huth. „Das ist ein „Zeichen des Aufruhrs, rief Jupiter, hier oben darf „es keinen andern Scepter geben, als den meini„gen. Werft ihre Scepter zum Fenster hinaus.„ — Der Befehl wurde augenblicklich von den Hofschranzen vollzogen. „Pfui! lispelte Juno, wie pöbelhaft „steht ihr das kleine Hüthchen, herunter damit!„ — Die Hofdamen trugen es ihren Kammerfrauen auf; die Kammerfrauen zogen Handschuhe an, um ihre Finger nicht mit dem garstigen Dinge zu besudeln, und nahmen es ihr weg. Das Hüthchen mußte dieselbe Reise antreten, die der Scepter angetreten

getreten hatte; es wanderte zum Fenster hinaus. Sogleich entstand ein Teufelslärm im ganzen Himmel. Ein Aufrührer schrie: Kann man die Freyheit nicht mehr an ihren Attributen erkennen, so gibt es keine mehr! Ein anderer Verschworener rief aus allen Kräften seiner Lunge: Ihr Götter und Göttinnen! das ist nur ein Vorbote von noch größern Eingriffen in euer aller Rechte; nun wird man der Venus auch ihre Tauben, Minerven ihren Helm, der Juno ihren Pfau rauben.„ Man waffnete sich mit Sarcasmen, beissenden Reden, Epigrammen und selbst mit jenen groben Schimpfnahmen, von denen uns Homer ein kleines Wörterbuch ad vsum der Götter, überliefert hat. Es entstand ein innerlicher Götterkrieg, und nach einer kleinen Fehde, die nicht über ein Jahrhundert dauerte, was für die Unsterblichen kaum ein Tag ist, wurde mit einer großen Stimmenmehrheit beschlossen, daß, um die Ruhe wieder herzustellen, die Freyheit eine neue Reise auf die Erde thun, und ihre zum Fenster hinaus geflogenen Habseligkeiten selbst aufsuchen möchte; statt eines Passes bekam sie Erlaubniß, eine menschliche Gestalt anzunehmen, welche sie wollte; das Hinterpförtchen wurde aufgemacht, und sie wanderte fort. Menipp verfolgte sie mit den Augen, aber er konnte nicht erkennen, auf welchem Fleck der Erde sie landete . . . .

Weiter geht das Bruchstück der Menippischen Handschrift nicht. Einige Commentatoren sind in
diesem

diesem Augenblick beschäftigt, das Datum dieser Anecdote mit der neuern Erscheinung der Freyheit auf unserm Erdball zu vergleichen. Biß sie ihre Arbeit bekannt machen, wollen wir unsern Lesern einige der wahrscheinlichsten Umstände erzählen, die man sich von dem letzten Besuch dieser Göttinn bey den armen Sterblichen zugeflüstert hat.

———

Ihre Reise vom Himmel auf die Erde, dauerte über drey Stunden. Sie war allein, und konnte nichts besseres thun, um sich die Zeit zu vertreiben, als Betrachtungen anzustellen; sie stellte also deren eine Menge an. „Immer haben mich die Menschen „lieb gehabt, sagte sie bey sich selbst, ob sie mich „gleich oft gemißhandelt haben. Die Herren, bey „denen es vor lauter Weisheit im Haupte spukt, „und die sich sehr bescheiden selbst Philosophen be= „titeln, dringen seit einiger Zeit mehr als sonst in „mich, herab zu kommen; sie versichern mich, daß „sie im Stande wären, mich gegen die Mächtigen, „meine gebornen Widersacher, in Schutz zu nehmen. „Ich freue mich zum voraus auf den schönen Em= „pfang, der mich auf der Erde erwartet! Ge= „wiß werde ich da weder Höfe, noch Serails, noch „Inquisitionsgerichte, noch stehende Armeen, noch „Censoren, noch Unterdrücker, noch Unterdrückte, „mehr antreffen. Meine liebe Schwester Gleichheit, „die schon lange vor mir aus dem Olymp verwiesen „wurde,

„wurde, wird die Erde von allen diesen alten Land=
„plagen gesäubert haben; dort werde ich meine liebe
„Schwester wieder finden, ach! wie freue ich mich,
„sie umarmen zu können!

So vertrieb sich die Freyheit die Zeit mit Schi=
mären, und kam unterdessen der Erde immer näher.
Ein langes Fahrzeug, fast wie ein Sarg gestaltet,
schwamm auf dem Meere. Hier will ich ein wenig
ausruhen, sagte sie. Sie ließ sich in Gestalt eines
schönen Jünglings auf dasselbe herab, und befand
sich so auf einem Negerschiffe, das von der Africa=
nischen Küste seine traurige Fahrt nach Jamaica
begann.

Der Capitän war ein Engländer. Er erkannte
sie nicht, und fing ein Gespräch mit ihr von ihr
selbst an. Das schmeichelte der Göttinn, und als
sie hörte, dieses Schiff sey eine Art Seekerker und
doch auf seinem Werdeck einen so vergnügten und
heitern Mann antraf; so bildete sie sich ein, es sey
ein zweyter Epictet, der mitten unter Fesseln über
Freyheit vernünftele.

Ich wollte, ich wäre schon, wo ich seyn sollte,
sagte der Capitän, denn das Sterben, das unter
meinen Negern seit einigen Tagen eingerissen ist,
wüthet unbeschreiblich, oder vielmehr es richtet mich
zu Grunde. — „Ist es ihnen denn als Bürger
eines freyen Staats nicht zuwider, diesen schändli=
chen

chen Menschenhandel zu treiben?„ — O, im geringsten nicht; Handlung ist die Grundstüße der Freyheit meiner Landsleute. — „Aber man sagt, daß das Parlament den Negerhandel abschaffen wolle„ — Davor soll uns der Himmel behüten! — „Die Menschen werden ja gleich und frey geboren.„ — Mit nichten, das würden sie kaum im Stande der Natur seyn; wie kann man sich noch mit der Schimäre abgeben! Der Mensch ist von so vielen erkünstelten Bedürfnissen und Leidenschaften umgeben, die er dem gesellschaftlichen Leben verdankt, und diese Schimäre wird ewig nur eine Narrethey der Grübler bleiben, wo Praxis sich mit der Theorie nie vereinigen läßt: sie selbst sollen Zeuge seyn. ...

In eben dem Augenblick stieß das Schiff ans Land; der Capitän ließ aus dem schwimmenden Sarge die schwarzen und sterbenden Menschen auspacken, und auf dem öffentlichen Plaße gebunden neben einander legen. Käufer stellten sich ein, man beguckte und betastete die armen Neger, man handelte um sie, wie man um ein anderes Stück Vieh handelt, und jeder Käufer nahm den gekauften Sclaven mit sich. — — Hier kann ich unmöglich bleiben, rief wehmüthig die Freyheit aus; aber wohin? — Nach Philadelphia, raunte ihr eine unbekannte Stimme zu. Nach Philadelphia also! sagte sie, und sie reisete dahin ab.

Diese

Diese Stadt der Weisheit gefiel ihr beym ersten Blick. Ist man hier frey, fragte sie? — Ja, und glücklich. — O, so erzählt mir, ich beschwöre euch, die Geschichte eurer Glückseligkeit. — Sie ist ganz kurz. Sieben oder acht hundert Meilen von hier wurden unsere Brüder, denen wir manche Dienste geleistet hatten, plötzlich undankbar, ungerecht und Unterdrücker; wir warnten sie höflichst, ihr Betragen gegen uns stünde uns nicht länger an; aber sie kehrten sich nicht daran, denn sie wähnten sich mächtiger als wir, und sprachen von nichts weniger, als uns zu züchtigen. Wir machten nun gemeinschaftliche Sache, die Ketten zu zerbrechen, die sie uns schmieden wollten, und der Ausgang krönte unser Unternehmen. Wir haben die immerwährende Dictatur bloß dem Gesetze übertragen, und leben nun zufrieden und frey. — Leistete euch jemand gegen eure Unterdrücker Beystand? — Ja, die Franzosen. — Ihr setzt mich in Erstaunen; die Franzosen sollten frey geworden seyn? — Die Grille ist ihnen durch den Kopf gesummt. — Sind sie der Mode lange treu geblieben; sie mußte für sie was ganz neues seyn? — Man sagt, ja. Uebrigens hört man doch manche sich widersprechende Dinge von Frankreich erzählen, daß man an Ort und Stelle seyn muß, um entscheiden zu können, was wahr oder falsch sey. — Ich muß Frankreich sehen, murmelte leise die Freyheit für sich.

Ein

Ein Holländischer Capitän Wanderseck ging eben bey ihnen vorbey; er fluchte überlaut: Soll denn, rief er aus, England uns beständig unterdrücken oder zu Grunde richten! Nirgends kann ich Fracht für mein Schiff bekommen, das macht, alle Nationen treiben jetzt den Seehandel und man läßt sie auch ruhig beginnen. Was soll endlich aus unserer Republik werden? Um ihre Freyheit, ihren Flor, ihren Handel ist es auf ewig gethan! der nimmt uns unsere Würze, der unsere Statthalterey, der unser Gewicht in Europens Wagschale, und alle theilen sich in unsern Ballast. Verdammte Gleichheit! Höllische Freyheit! Warum seyd ihr nicht im Meere versenkt, wo es am tiefsten ist? — Die Freyheit näherte sich dem fluchenden Seefahrer; Freund, redete sie ihn an, wollt ihr mir euer Schiff überlassen, weil ihr eben wie ich höre nichts damit anzufangen wißt? — Wem, und wozu? — Mir! ich habe eine große Reise nach Europa vor, und ich will euch so viel bezahlen, als ihr verlangt. — In dem Fall bin ich euer Mann; ich verlange 100000 Gulden. — Gut. — Aber, wie wollt ihr mich bezahlen? — Ich muß euch gestehen, erwiederte die Freyheit, daß ich bloß Juwelen und Gold bey mir habe. — Bey diesen Worten maß Wanderseck den Jüngling vom Kopf bis zu den Füßen; so jung zu seyn, rief er aus, und schon so viel Verstand zu zeigen! denn ihr müßt wissen, es würde euch doppelt so viel gekostet haben, wenn ihr mich nur in Europäischen

päischen National-Papieren hättet bezahlen können.
— Was sind denn das für verrufene Papiere? —
Es ist eine Art fingirte Münze, welche die Regierungen verschiedener Länder erfunden haben, theils um ihre Einkünfte zum voraus verthun zu können, theils um Gläubiger zu haben, und theils, was fast der Fall bey allen ist, eine gute Anzahl ihrer Unterthanen an ihr Wohl und ihren Despotismus desto fester zu ketten. Schaut her, junger Mann, hier sind Staats = Billette, Banco = Zettel, Actien, Cedulen, Assignate, die ich gezwungen gewesen bin, von diesen schlechten Bezahlern statt des baaren Geldes anzunehmen. Man muß an Ort und Stelle seyn, wenn man ein Stück Brot für das ganze Pack dieser Wische bekommen will, die noch dazu unzähligen Zufällen unterworfen sind; aber wer klingendes Metall im Sack hat, der findet von Petersburg bis zum Vorgebirge der guten Hoffnung überall vollauf. Wo wollt ihr hin? — Nach Europa. — Gut! so segeln wir nach Europa.

Sie fuhren ab. Werden wir zu Cadix einlaufen, fragte die Freyheit? — Wenn ihr wollt, antwortete Wanderseck. Sie wollten in diesem Hafen die Anker fallen lassen, als ihr Fahrzeug bey Nacht von funfzig kleinen Kähnen umringt wurde, die allerhand Signale gaben. Sogleich ließ Wanderseck diesen Signalmachern kleine Säcke zuwerfen, und als diese Ceremonie vorbey war, nahm er einen andern

dem Lauf und fuhr durch die Meerenge von Gibraltar. Die Freyheit wollte wissen, was es mit den zugeworfenen Säckchen für eine Bewandniß hätte. — Das Geld, das ich aus America mitgebracht habe, ist hier Contreband. — Wie? Geld ist Contreband bey Völkern, die es nöthig haben? — Ja, antwortete der Holländer, in Spanien ist es ein Monopol der Regierung, die entweder durch sich selbst oder durch ihre Mönche, der Generalpachter der Reichthümer der andern Welttheile ist. — So haben wir recht wohl gethan, uns nicht da aufzuhalten; lieber wollen wir nach Griechenland; ich hatte da vor Zeiten recht gute Bekanntschaften, und es sollte mir lieb seyn, meine guten und geschwäßigen Athenienser wieder zu sehen; also in dem Piräischen Hafen wollen wir anhalten. — Der Capitain landete zu Porto Leone. Beym Aussteigen erkundigte sich die Freyheit, was es Neues zu Athen gäbe. Niemand verstand sie; aber zwey große Türken führten sie zu dem Woywoden; du bist sehr weiß Jüngling, redete sie der Woywode an, solltest du nicht vielleicht ein Russe, oder ein Spion irgend einer feindlichen Flotte seyn? Meine Pflicht erfodert es zwar, dich mit ganzer Haut nach Constantinopel zu schicken, wohin mein Vorgänger nur deinen Kopf geschickt haben würde; aber deine Physiognomie hat, ich weiß nicht was, anziehendes für mich, das mich für dich einnimmt; will dein Capitän dich unentgeltlich dahin bringen und mir Bürgschaft stellen, so soll er den

Vorzug

Vorzug haben. — Die Freyheit erbebte, sie gab dem Woywoden einen Sack mit Gold, der eine Bewegung machte, als ob er sie umarmen wollte; aber ehrerbietig wich sie seiner Umarmung aus. Nun befanden sich unsere Reisende auf dem Wege nach Constantinopel. Ein Windstoß verschlug sie in den Kanal. Die Mauern des Serails waren mit abgehauenen Köpfen gespickt: nicht weiter, rief ängstlich die Freyheit; aber Wandersdeck war nicht Herr vom Winde, eben wollte dieser sein Schiff ins schwarze Meer verschlagen, als er sich noch plötzlich drehte. In vierzehn Tagen hatten sie schon die Meerenge von Gibraltar wieder hinter sich, und segelten nach England.

Vortrefflich, rief die Freyheit; das ist das Land, wo man für mich gekämpft hat, wir werden da recht willkommen seyn. . . . . Wie man's überall ist, erwiederte Wandersdeck, wenn man viel Geld hat. Sie kamen an; und die Zollbedienten durchsuchten emsig alle Winkel des Schiffs; die Freyheit that dem Capitän den Vorschlag, sie nach London zu begleiten. Ihr werdet euch einige Tage dort aufhalten, erwiederte Wandersdeck, und die Zeit will ich nutzen, um einen kleinen Besuch in Amsterdam zu machen; ich will dann wieder kommen, und euch abhohlen, wir wollen unsere Fahrt nach Norden fortsetzen. — Topp! sprach die Freyheit. —

Der

Der Postillion, der unsern Reisenden mit seinem Gepäcke, das in einer einzigen ziemlich schweren Schatulle bestand, nach London führen sollte, bat ihn, etwas Geld bey Seite zu stecken, um damit die Herren Straßen-Collecteurs abfinden zu können. — Wird denn hier nicht für die Sicherheit der Heerstraßen gewacht, fragte die Freyheit? — Nein, dazu würde eine bewaffnete Gewalt erfordert werden, und darunter könnte die öffentliche Gewalt leiden. — Es scheint mir, man hat in diesem Lande eine sonderbare Idee von Freyheit. — Der Herr Landstraßen-Collecteur erschien, bekam sein Bestimmtes, und die Freyheit langte glücklich zu London an. Sie gab sich für einen jungen Deutschen aus, welcher zu seiner Belehrung reise. Sie wurde überall ziemlich gut empfangen; im Vauxhall, im Ranelagh, im Theater, im Parlament, kurz in allen öffentlichen Schauspielen; überall war von ihr die Rede. Die Ehrsüchtigen, die Ränkeschmiede, die politischen Kannengießer, die Schurken, und selbst die Biedermänner, alle arbeiteten nur für die Freyheit. Wollte das Unterhaus seine Macht mißbrauchen, so bestachen es die Minister, damit dieses Bollwerk der Freyheit nicht einstürzen möchte; machte der Ehrgeiz der Mitwerber um ihre Stellen den Ministern warm, so brachte man sie durch Ertheilung anderer Würden, oder durch Geld zur Ruhe; wollte der König seine Vorrechte durch Unterstützung des Oberhauses weiter ausdehnen, so stämmte sich das Haus der Gemeinen den königlichen Ministerplanen entgegen. „Und durch diesen constitutionsmäßigen und immerwährenden Choc, sagte ein Englischer Publiciste, erhält sich unsere Freyheit aufrecht.„ — Aber, erwiederte der junge Deutsche, wie kann aus dem Zustande eines immerwährenden innerlichen Zwistes die Freyheit entstehen, auf deren Genuß man hier so stolz ist? — „Diese wechselseitige Eifersucht, erwiederte der Publiciste, verhindert zuvörderst die verschiedenen Gewalten des Staats in Eines zusammen zu schmelzen und einander in ihre beiderseitigen Rechte zu greifen. Nie haben sich die Mächte eines Staats vereinigt, ohne daß nicht darauf die Sclaverey des Volks erfolgt wäre; die Römischen Dictaturen, welche während ihrer Existenz alle andre Gewalten aufhoben oder an sich rissen, vernichteten zuletzt Roms Freyheit. Wir fürchten gleiches Schicksal, und daher schränkt sich die ganze Politik der Englischen Nation darauf ein, diejenige Gewalt zu unterstützen, welche sie von den Eingriffen der beiden andern bedroht sieht. Unsere Nachbarn, die Franzosen, thaten vor Kurzem noch stolz darauf, unsere Constitution anzunehmen; aber so, wie diese Nation von jeher, bey ihrer angebornen Ruhmredigkeit und Eitelkeit, alles übertrieben hat, so schmiedet sie sich Ketten, die sie eben so schwer lasten, als schwer auf ihr die Hände liegen, welchen sie die Sorge übertragen hat, ihr neue Fesseln anzulegen.„ — Ich möchte das wohl erklärt haben, antwortete die Freyheit. — Ich bin

im

im Begriff nach Paris zu reisen, erwiederte der Engländer, begleiten Sie mich; Thatsachen werden uns sicherer belehren, als alles Disputiren und Disseriren: aber seyn Sie überzeugt, daß unter den 700 Menschen, welche 25 Millionen ihres Gleichen mit der Lockspeise der Freyheit zu kirren suchen, gewiß gar manche gibt, (und was immer die Geschicktesten, so wie die Abgefeimtesten sind,) die insgeheim keinen andern Zweck haben, als für das Beste ihres Selbst zu arbeiten. — Das wollen wir in Augenschein nehmen! sprach die Freyheit, und sie reiseten ab.

Wie sie nach Nantes kamen, redeten zwey Activ-Bürger unsere Reisenden an: ohne Zweifel, sagte der eine, sind sie gekommen, um unsere Revolution zu bewundern? — Meine Absicht ist, sie erst kennen zu lernen. — Sie ist noch nicht zu Ende, entgegnete der andere; aber sie wird bald vollendet seyn, setzte der erste hinzu, denn wir haben schon zwanzig Mahl und immer zum voraus geschworen, alle vergangene, gegenwärtige und künftige Decrete unserer Repräsentanten vortrefflich zu finden. — Die Freyheit merkte wohl, daß die Cicerone's nicht einerley Meinung waren. Sie verabredete heimlich mit jedem eine Zusammenkunft zu ganz verschiedenen Stunden, und versprach unterdeß dem Democraten, sich mit ihm in die Sitzung der Constitutionsfreunde zu begeben. Sie hielt Wort. Ein Redner hatte eben den Rednerstuhl bestiegen: Ja, meine Herren, sagte er, ja die Co=Legislatur zu Paris, unser ehrwürdiger Mutter=Club, der seine vortrefflichen Sitzungen bey den Jacobinern in der Straße Saint=Honoré hält, hat es so beschlossen; können wir den König ganz vom Throne stürzen, so wird Freyheit unser Gewinn seyn, wo nicht, so werden wir niemahls frey. Bemerken sie wohl meine lieben Brüder, daß der patriotische Eifer unserer Verbündeten durch die edle Hoffnung erhöht worden ist, über alle Stellen und Aemter der Verwaltung unserer Republik dann schalten und walten zu können; denn das Meisterstück unserer heutigen Republik besteht darin, den Staatsbürgern, die unsere Freunde sind, alle die öffentlichen Bedienungen zuzuschanzen, welche die Minister vor Zeiten an ihre Creaturen verschwendeten; sie werden sagen, daß das am Ende auf Eins hinaus läuft, ob ein Club oder ein Minister seine Creaturen begünstigt oder vorzieht, aber nein, da würden sie sich gröblich irren, das ist was ganz anderes, ob der Despotismus und die Cabale des ehemahligen Hofes zu Versailles darüber schaltet, oder ob die Bedienungen von der Nation selbst vergeben werden, die durch mannhafte Repräsentanten vertreten wird, die Niemanden weder von ihrer Person, noch von ihrem Willen, noch von ihren Handlungen Rechenschaft zu geben haben. Sie dürfen nie fürchten, meine Brüder, daß der Geist der Tyranney sich in diese Dictatur von 700 Köpfen einschleichen werde; das würde man eher zu fürchten haben, wenn sie

unab=

unabhängig und immerwährend wäre; aber die Nothwendigkeit, die sie gefühlt hat, sich mit uns, den wahren Freunden der Constitution, zu amalgamiren, beweiset zur Gnüge, daß sie nicht auf die Fülle ihres Despotismus vertraut. . . . Alle Anwesenden klatschten so wüthend in die Hände, als ob sie sich Schwielen klatschen wollten, nur die Freyheit klatschte nicht. Man bemerkte es, und sie hörte um sich her murmeln: ein Aristocrat; sie zuckte die Achseln und entfernte sich mit dem Engländer, der sich nicht entbrechen konnte, auszurufen: toll sind sie! rein toll!

Als sie in ihrem Gasthofe anlangten, trat der andere Cicerone ins Zimmer der beiden Reisenden. Es ist nun Zeit, sagte er, uns in die Versammlung der Freunde der Constitution zu begeben. — Wir kommen eben daher. — Von den Freunden der monarchischen Constitution? — Freylich; ist denn nicht decretirt, daß Frankreich eine Monarchie bleiben soll? Nothwendig müssen also auch die Freunde der Constitution Freunde der monarchischen seyn. — Sie irren sich, erwiederte der Cicerone, Sie werden die wahren Grundsätze nur da predigen hören, wo ich Sie hinbringen will. — Gut, sagte die Freyheit, wir gehen mit ihnen.

Unsere Reisende wurden mit vieler Vorsicht in einen Saal geführt, wo eine minder zahlreiche Gesellschaft versammelt war, und wo ein Redner eben-

falls

falls die Tribune einnahm. Er sprach sehr vernünftig von dem nöthigen Unterschied und der Trennung der Gewalten, so bald wirkliche Freyheit erhalten werden sollte; er zeigte, daß die vorige Anarchie bloß die traurige Folge der Vereinigung aller dieser Gewalten in den Händen des gesetzgebenden Corpus gewesen sey. Die Repräsentanten der Nation, fuhr er fort, haben mit Hintansetzung ihrer ersten Grundsätze eine tyrannische Dictatur an sich zu reissen gewußt! die erzwungene, affectirte Herabwürdigung der ausübenden Gewalt und der gänzliche Umsturz der Gerichtspflege haben sie gezwungen, sich beider anzumaßen. Aber so viele Geschäfte überstiegen ihre Kräfte, und standen ausser dem Fassungskreise jeder bekannten Regierungsform; unterdessen haben doch drey volle Jahre nicht hingereicht, unsere Gesetzgeber von ihrer Ohnmacht zu überzeugen, Allem allein vorstehen zu wollen. Unaufhörliche Unruhen und Zerrüttungen haben Frankreich erschüttert und an den Abgrund des Verderbens gebracht. Räumt dem Könige ein, was unsere Nachbarn, die Engländer, die sich schmeicheln frey zu seyn, ihrem Monarchen einräumen, und entsagt vorzüglich dem Gedanken, daß öffentliche Macht ohne ein anerkanntes Oberhaupt handeln könne, dessen Agenten verantwortlich sind. — Der Engländer lächelte zufrieden, als er das hörte, aber plötzlich stürzten bewaffnete Leute in den Saal, und nahmen ohne weitere Umstände einige Glieder und die beiden Reisenden in Verhaft.

Verhaft. Man warf sie in einen Wagen, beschwerte sie jedoch nicht, wie die andern, mit Fesseln, aus Achtung, wie man sagte, weil sie Fremde wären, und meldete ihnen, daß man sie nach Paris und von da vor das Tribunal der beleidigten Nation bringen wolle.

Während der Reise fragte der Engländer das Haupt der Begleitung, wie der Warrant heiße, kraft dessen man so mit Fremden verführe? Wir wissen von keinem Warrant, erwiederte der Herr mit den Achselbändern; aber ich sehe, Sie sind noch nicht völlig unterrichtet; erlauben Sie, daß ich Ihnen einiges Licht darüber geben darf. Als unsere Revolution ihren Anfang nahm, bildeten sich unsere Gesetzgeber, die Municipalität und der Pöbel von Paris gemeinschaftlich ein, daß viele Franzosen, oder wenn sie lieber wollen, Neu=Franken sich gegen die neue Reform sträuben würden; um nun die Anzahl dieser Uebertreter bey Zeiten zu vermindern, glaubte der Pöbel, sie durch eine Auswahl von Hinrichtungen abschrecken zu müssen, und erwürgte also ein Dutzend Staatsbürger ohne weitern Proceß. Weil das mit der Zeit gefährlich werden konnte, so formirte man zwey Ausschüsse oder Inquisitionstribunale, und trug ihnen auf, den Vorsitz bey den künftigen Executionen zu führen. Dieser Auftrag war ein wenig kitzlich. Diese Tribunale ließen nur einen Einzigen, den Marquis von Favras, henken; und weil diese Hinrichtung

richtung nicht vielen Beyfall fand, so ließen sie es bewenden. Aber der Eifer der Revolution hätte erschlaffen können; also bewiesen diese Tribunale, daß ihre Beybehaltung nöthig sey, und man behielt sie bey. Ihre Unthätigkeit mißfiel unterdessen den hitzigen Köpfen, und so stiftete man den göttlichen Club der Jacobiner, als den Rückenhalt und rechten Arm der neuen Legislatur. Ließ ein Staatsbürger seine Anhänglichkeit an die monarchische Constitution blicken, so denuncirte man ihn, ob jene gleich förmlich decretirt war, bey den Dämagogen und vor der Tribune der Jacobiner: man erregte einen Volksauflauf gegen ihn oder gegen sein Hab und Gut, und gab so allen Staatsbürgern einen nachdrücklichen Wink, ihm nicht nachzuahmen. Ließ jemand eine Meinung blicken, die gegen die Grundsätze oder Absichten der Constitutionsfreunde stritt; suchte ein Bürger sich ohne Unterstützung dieses Clubs empor zu heben, gleich donnerte das Geschrey der Jacobiner-Redner; es wurden die Schmähungen der gemietheten Scribler und die Ränke der affiliirten Clubs, kurz alles aufgeboten, eine solche Meinung, eine solche Verbindung, oder einen solchen Mann zu Boden zu drücken; man war eine Null in Frankreich, wenn man nicht Jacobiner war. Selbst Mirabeau, der große Mirabeau, sank er nicht von seiner Höhe, als er es wagte, sich von den Jacobinern zu trennen? Die ganze neuerungssüchtige Nation betete an vor diesem Ideal; von allen öffentlichen

Gewalten

Gewalten war der Jacobiner-Club die einzige thätige, die einzige, welche das Volk der Vorstädte der Hauptstadt und das Corpus der Stellvertreter der Nation in Bewegung setzen konnte. Es entstand der Club von 1789 (den Namen hatte eine Gesellschaft von gemäßigt Denkenden angenommen), sogleich denunciirte man ihn als verdächtig. Der monarchische Club trat an seine Stelle, und die Jacobiner bewaffneten gegen ihn ihre Phalangen; die Mitglieder der constitutionirten Nationalversammlung, denen es wurmte, durch die neue Legislatur so ganz ausser Thätigkeit und Einfluß gesetzt worden zu seyn, versammelten sich unter dem Namen des Clubs der weißen Barfüßer. Sogleich schlugen die Jacobiner Lärm, und die Barnaben, die Lameths, die Chapelliers, die Andre's sahen sich von den Gliedern derselben Tribunen gemißhandelt und zerstreut, die ihnen so oft in den Tagen ihres Glaubens Beyfall zugeklatscht hatten. Hier haben Sie die treue Geschichtserzählung unserer Revolution. — In Wahrheit, antwortete die Freyheit, darin kann ich nichts von einer freyen Constitution erkennen. — Ich eben so wenig, setzte ihr Englischer Begleiter hinzu, auch ist es mir ein Räthsel, was das alles für Bezug auf unsern Verhaft haben kann. — Das will ich Ihnen erklären. Sie befanden sich in einer Gesellschaft, die von den Jacobinern in die Acht erkläret war, als man sie durch die Wachsamkeit unsers Comité de surveillance gefangen nahm.

Man wird Sie gewiß wieder in Freyheit setzen, so bald Sie zu Paris seyn werden; also seyn Sie ganz ausser Sorgen; man wird Ihnen auch Ihre Versäumungs- und Reisekosten baar in Assignaten bezahlen. Sie langten zu Paris an, die beiden Reisenden wurden ins Verhör geführt, und nach einer flüchtigen Untersuchung ihnen zur Antwort ertheilt: „Sie sind frey, es war nur ein kleiner „Irrthum!„ — In dem Lande bleibe ich keinen Augenblick länger, sprach die Freyheit beym Weggehen, ich bin solcher kleinen Irrthümer nicht gewohnt. — Ich eben so wenig, setzte der Engländer hinzu.

Während der Reise von Nantes nach Paris war in der Meinung eines Theils des Publicums wegen der ausübenden Jacobiner-Gewalt eine ganz besondere Umstimmung vorgegangen. Den Jacobinern selbst wandelte eine Art von panischem Schrecken an, als sie sich von allen Seiten, selbst in der Depesche des verewigten Leopolds und seines großen Staatsmannes Kaunitz, als die heimlichen Urheber und Triebfedern des anarchischen Zustandes und der Volkszerrüttung angeklagt sahen. Sie sahen wohl ein, daß alle Vertheidigungsschriften ihrer Affiliirten, vom Pickenirer Carra an bis zu Cotta, dem weiland Deutschen, diese Ueberzeugung in den Herzen wahrer Franken nicht auslöschen würden. Es wurden also alle populäre Kunstgriffe in Bewegung gesetzt, um

um die Gunst des bessern Theils des Volks wieder zu gewinnen; dazu kam, daß die Jacobiner unter sich selbst uneinig wurden. Das alles möchte ich gern recht deutlich erklärt haben, sagte die Freyheit, aber wo finde ich Leute, die unterrichtet genug sind, um mir darüber Aufschlüsse ertheilen zu können? — Daran fehlt es nicht, gab man ihr zur Antwort. — Aber ich möchte es gern von Unparteyischen hören — Das wird freylich schwerer halten, denn es ist dem Factionsgeist in Frankreich gelungen, das Wort Unparteyisch zu brandmarken. — Unglücks genug, denn die Freyheit wird nie festen Fuß in einem Lande fassen, das in beständiger Gährung und in lauter Parteyen getheilt ist. — Da hat der Herr vollkommen Recht, sagte ein Vorübergehender. Die Freyheit dankte ihm höflich für seinen Beyfall, es spann sich eine Unterredung zwischen ihnen an, und der Unbekannte, die Freyheit und ihr Engländer entfernten sich, wie durch Instinct getrieben, vom Palais Royal, den Thuillerien und der Straße Saint Honoré *), und setzten sich in ein Eckchen des einsamen Wäldchens von Luxemburg nieder. Nun, mein lieber Herr, redete die Freyheit den Unbekannten an, ich bitte Sie, mir und dem Herrn da alles recht deutlich zu erklären: unser Zweck ist, uns in Frankreich mit einem ziemlich beträchtlichen Vermögen niederzulassen, allein vorher müssen wir wissen, wie es eigentlich mit der Verfassung dieses Reiches
aus=

*) Herzog von Orleans, König, Jacobiner.

aussieht: aber wir verlangen strenge Wahrheit. —
Ich werde unparteyisch seyn,

Der Engländer. War die Revolution nothwendig?

Der Unparteyische. Unvermeidlich. Alles war
gespannt, alles aufs höchste getrieben, Mißbräuche,
Despotismus, Gesetze, Finanzen,

Die Freyheit. Ich weiß das; ich weiß auch,
daß Ihre Notaeln nichts für mich ... ich wollte
sagen, nichts für die Freyheit gethan haben würden.

Der Unpart. Wissen Sie, warum? Weil sie
die zahlreichsten und stärksten waren; daraus wird
es eben klar, warum der wahre Beförderer der Versammlung der Generalstände hartnäckig darauf bestand,
daß die Zahl der Stellvertreter des Volks verstärkt
werden möchte. Die Großen des Adels und die vornehmen Prälaten haben ihm das nie vergeben können.

Der Engl. Aber was thaten diese Herren und
diese Prälaten zu Anfang?

Unpart. Ihr Stolz war ihr Fall; sie beleidigten
das Haus der Gemeinen oder den dritten Stand,
und bestrebten sich, die Majorität zu erzwingen,
indem sie den Vorschlag thaten und darauf drangen,
daß nach den Ständen und nicht nach den Köpfen
gestimmt werden solle.

Freyh. Diese List war ein wenig zu plump,
und ihre Ausführung Unmöglichkeit.

Unpart.

Unpart. Auch rächte sich der dritte Stand schnell dafür, indem er die Stimmung nach den Köpfen durchsetzte, und sich in eine Nationalversamlung verwandelte.

Freyh. Das war gut, sehr gut! Fahren Sie fort.

Unpart. Gleich bey der ersten Prüfung der alten Reichsverfassung fand man alles so wurmstichig und schlecht, daß das Project, alles einzureissen, fast eben so schnell beschlossen als ausgeführt wurde.

Freyh. Und was setzte man an die Stelle der aufgehobenen Regierungsform, denn eine provisorische Constitution war hier unumgänglich nothwendig?

Unpart. Man ließ die Lücke unausgefüllt; man begnügte sich an der Erklärung, daß Frankreich beständig eine Monarchie bleiben, seine Bürger aber an Rechten und Freyheit alle gleich seyn sollen.

Freyh. Dann wird man also wohl eine öffentliche Gewalt gegründet haben, welche über die Befolgung dieser Erklärung wachen, und ihr Nachdruck und Gewicht geben konnte?

Unpart. Nichts weniger, als das.

Engl. O, ich errathe es: weil man ein Mahl eine monarchische Regierungsform angenommen hatte, so überließ man die provisorische, vollziehende Gewalt dem Monarchen.

Unpart.

Unpart. Sie irren sich; im Gegentheil, man würdigte sie herab, man verstümmelte sie, man gab sich alle Mühe, sie verdächtig zu machen, und einige kleine Versehen von jener Seite halfen ihr Ansehen vollends zernichten.

Freyh. Es folgte also auf den Minister=Despotismus der Despotismus der Menge, oder die Anarchie?

Unpart. Getroffen! Die gesetzgebende Gewalt, die von dem Vergnügen, über alles schalten und und walten zu können, berauscht wurde, griff in Anmaßungen immer weiter um sich, und wuchs plötzlich zu einer grenzenlosen, allein=herrschenden Dictatur empor; sie verschlang die Macht des Königs, die Würde des Adels und die Reichthümer der Clerisey.

Engl. Also handelte sie gerade so, wie unser langes Parlament?

Unpart. Nur mit dem Unterschied, daß es wahrscheinlich ein anderes Ende nehmen wird.

Freyh. Desto besser.

Unpart. Seyn Sie überzeugt, daß der Despotismus des gesetzgebenden Corpus nicht allein der Nation, sondern sich selbst zur Last zu werden anfängt. Der Monarch hat durch die Umstände und durch seine väterliche Sanftmuth ein gewisses National=Interesse gewonnen, welches alle die Verläumdungen überstimmt, von denen einige Minister der Vorwand seyn mußten; er hat die Gesetze, die gegen

gen ihn selbst gerichtet sind, mit eben der Bereit-
willigkeit sanctionirt, wie die, welche das Glück des
Volks zum Gegenstand hatten; und die Herzlichkeit,
mit welcher er in diesem Stücke handelt, hat ihn
bey den Gutgesinnten gegen die Feinde der Monarchie unterstützt.

Engl. Wie, die Monarchie ist förmlich decretirt, und doch hat sie noch Gegner?

Unpart. Alle Ehrflüchtige, alle Ränkeschmiede,
alle Nichtshaber, alle, die Würden, Stellen und
Geld im Trüben zu fischen hoffen, gehören unter
ihre Widersacher.

Freyh. Aber ihre Zahl kann unmöglich groß seyn?

Unpart. Im Gegentheil, weil sich diese Herren
bey den Orgien der Anarchie so gut mästen, so reizt
ihre Wohlbeleibtheit den Hunger anderer zur Nachfolge.

Engl. Aber das ist nicht wahre Liebe zur Freyheit.

Unpart. Das Wort Freyheit führt man wohl
im Munde, aber man kennt sie nicht, und mag sie
nicht kennen.

Freyh. Ihr Gemählde macht mich traurig.

Unpart. Es thut mir leid; aber Sie verlangten
Wahrheit, und was ich gesagt habe, ist Wahrheit.

Engl. Wissen Sie wohl, daß auf diese Art gar
nicht abzusehen ist, wenn die tyrannische Anarchie,
welche dieses schöne Königreich heimsucht und es

zum

zum Gegenstande des Mitleids für alle übrige Europäische Staaten macht, ein Ende nehmen wird?

Unpart. Ich hoffe, es soll doch noch einen andern Ausgang gewinnen. Mit dem Französischen Leichtsinn hat sich seit kurzem eine Dosis gesunder Vernunft gepaart, welche die Nation nicht zu ihren alten Drangsalen, sondern zur Rectificirung und Besserung des Ueberspannten und Uebertriebenen in dem neuen System zurückbringen muß.

Engl. Das hoffe ich, so lange Preß = und Denkfreyheit aufrecht bleibt; widrigen Falls fürchte ich ganz das Gegentheil.

Unpart. Man muß in dem Puncte den beiden Nationalversammlungen Gerechtigkeit widerfahren lassen: die schriftstellerische Intoleranz hat zwar nichts unversucht gelassen, um die Preßfreyheit einzuschränken, aber beide Nationalversammlungen sind noch bis jetzt gegen diese treulose Zumuthungen auf ihrer Huth gewesen, und so lange sie bey den Grundsätzen beharren, dürfen wir nicht fürchten, wieder in die Sclaverey zu fallen.

Freyh. Man schreibt also, was man will?

Unpart. Ja! und zeither haben die democratischen und aristocratischen Tollköpfe sich täglich in ihren Flugblättern wechselweise auf das entsetzlichste gemißhandelt. Die Democraten predigen mit einer Wuth, mit der man Mitleiden haben muß, nichts

als

als Mord und Blutvergießen, aber zum Glück fehlt es ihrer Wuth jetzt an Nachdruck. Die Aristocraten hingegen rüsten sich mit Sarcasmen und Epigrammen gegen ihre Widersacher, und wenn sie sich gleich weniger kraftgenie-mäßig ausdrücken, so verrathen sie doch minder Hang zu Grausamkeiten.

Engl. Also sind diese beyden Parteyen hier zu Lande, was die Whigs und Torys bey uns sind?

Unpart. Sie waren es anfangs, sie verfolgten und haßten sich mit unversöhnlicher Erbitterung; aber mit der Zeit legt sich alles, und das Wort Aristocrat wird jetzt in einer so weitläuftigen und unbestimmten Anwendung gebraucht, daß man diese Benennung fast jedem ohne Unterschied beylegt, der nicht unserer Meinung ist.

Freyh. Ich gestehe, ich schmeichle mir mit einer zwar noch entfernten Hoffnung, daß sich diese Parteyen einander wieder nähern werden; aber noch sehe ich den Zeitpunct nicht, wo die ganze Nation einstimmig zur Bildung einer dauerhaften und freyen Regierungsform zusammen treten wird: denn so bald die gesetzgebende Gewalt sich weigert, eine andere neben sich zu dulden, so errathe ich nicht, wo ihr Gegengewicht seyn soll.

Unpart. Ich hoffe, sie soll es überdrüssig werden, alles allein beherrschen zu wollen; sie soll sich fürchten, die Vollziehung der fiscalischen Gesetze sich

D   auf-

aufgeladen zu haben, deren Druck zwar ungleich leichter ist, als der vorige war, der aber doch dem Landmann schon darum unendlich schwerer vorkommen muß, weil das System der Oeconomisten bey den Abgaben auf Consumtionsartikel den Sieg davon trug; man hielt diese Abgaben für leichter und minder drückend, weil sie auf die Verbrauchung consumtibler Waaren vertheilt, und von diesen letztern übertragen würden; aber ihre ganze Masse lastet schwer auf dem Landmanne, der gezwungen ist, ihren Vorschuß zu thun, und so sucht er einen Theil dieses Vorschusses an den Kosten seiner Industrie zu ersparen.

Engl. Warum spiegelten sich Ihre Gesetzgeber in diesem Stücke nicht an unserer Erfahrung?

Unpart. Vermuthlich wußten sie nichts von dieser Erfahrung; im Gegentheil sie verdrehten die Wahrheit, und behaupteten, daß die Grundsteuer in England auf 300 Millionen unserer Livres abwerfe.

Engl. Da irren sie sich gröblich: sie beträgt keine 2 Millionen Sterling.

Unpart. Das weiß ich, so wie jedermann es weiß, aber bey diesem Wettkampf des Stolzes, der uns Gesetze gibt, trifft man mehr als Einen Philosophen von jener Gattung an, von der uns Rousseau sagt: „Daß ihnen ein Fehler, den sie verschuldet, lieber ist, als Wahrheit von einem Dritten."

Freyh. Es kommt mir vor, als ob ihr System der Auflagen und öffentlichen Steuern noch nicht recht

klar

klar und durchdacht sey: und doch hängt von der Deutlichkeit und Ausarbeitung des Systems der Abgaben hauptsächlich die Freyheit einer Nation ab.

Unpart. Sie haben vollkommen Recht; aber glauben Sie mir, das alles wird mit der Zeit besser werden. Auch haben unsere Gesetzgeber schon auf Mittel gedacht, das Deficit der neuen Steuer zu ersetzen, wenn sie zur Bestreitung der Staatskosten nicht hinreichen sollte: die caisse extraordinaire soll dann zuschießen.

Freyh. Was ist das für ein Ding, die caisse extraordinaire?

Unpart. Eine Art Canal, durch welchen die Güter der Clerisey aus den Händen der Geistlichen in die Hände der Verweser der öffentlichen Staatseinkünfte geleitet werden.

Freyh. Sollen dann die Geistlichen nicht mehr bezahlt werden?

Unpart. Verzeihen Sie, man wird sie bezahlen, so bald Geld da ist; aber sie selbst können sich nicht mehr von dem bezahlt machen, was ihnen sonst als Eigenthum zugesichert war.

Freyh. Und jener Canal von caisse extraordinaire, wird er ewig dauern?

Engl. Wahrscheinlich nicht, oder man müßte die beiden ersten Sylben seiner Benennung wegschneiden.

Freyh.

Freyh. Was will man aber anfangen, wenn diese Quelle vertrocknet ist?

Unpart. Dann bleibt uns nichts übrig, als Bankerot zu machen.

Engl. Eine schöne Aussicht!

Freyh. Uebertreiben Sie es nicht?

Unpart. Nicht im geringsten, und Sie werden sich selbst, mein Herr, sehr leicht davon überzeugen können. Die Assignate zehren sich auf; man hat für keine Billanz der Ausgabe und Einnahme gesorgt, und sucht schon seit geraumer Zeit mit diesen Assignaten das Deficit jedes Monathes zu decken und zu füllen. Sind nun einst die Assignate aufgebraucht, so hat man durch Ueberhäufung mit diesem Papiergelde ihren innern Werth noch mehr verringert, und muß entweder zu zahlen aufhören, oder borgen, und man fällt wieder in denselben Abgrund, aus welchem die Repräsentanten der Nation das Reich bey ihrer Zusammenberufung erlösen sollten.

Freyh. Aber die Repräsentanten müssen das vorher gesehen haben.

Unpart. Nichts haben sie vorher gesehen, sie leben nur für den heutigen Tag, und sorgen nicht für den kommenden; sie wollen alles auf Ein Mahl umschaffen, fangen an allem an, und bringen nichts zu Stande, das Einreissen und zu Grunde Richten ausgenommen.

Engl.

Engl. Und was haben sie zu Grunde gerichtet?

Unpart. Monarchie, öffentlichen Wohlstand, Wohlstand der einzelnen Staatsbürger, Credit des Staats, Nationalgeist, Character der Nation, alle Hülfe der Zukunft, die Armee, die Geistlichkeit, den Adel, den Thron, das politische Ansehen des Staats, seinen Handel.

Freyh. O hören Sie mit dieser unglücks=schwangern Litaney auf, und sagen Sie uns lieber, was Gutes geschehen ist.

Unpart. Ich kann mich da ganz kurz fassen. Alles Gute unserer Wiedergeburt ist nur provisorisch, und noch großen vorherzusehenden Veränderungen unterworfen. Die öffentliche Freyheit ist gegen die Aufläufe und die Eingriffe des Pöbels, welche immer ungeahndet bleiben, nichts weniger als gesichert; unsere Maire erlauben sich die willkührlichsten Handlungen, die eigenmächtigsten Kränkungen persönlicher Sicherheit; die Abgaben sind zwar fest gesetzt, werden aber weder gegeben, noch eingenommen; die Armee ist in einem beständigen Zustande der Insubordination, ein Tummelplatz der Ränke beider Parteyen und niedriger Bestechungen; eine öffentliche Gewalt existirt zwar, laut der Constitution, aber niemand weiß, wo; kurz alles schwankt in einem Zustande von Ungewißheit, so daß man nicht ein Mahl weiß, wer besser war, die alte oder die neue Clerisey.

Freyh.

— 54 —

Freyh. Was bedeuten aber jene prunkhaften Schilderungen der wiedereroberten Freyheit, von welchen ganz Frankreich wiederhallt?

'Unpart. Sie bedeuten so viel als nichts; die Herren, welche sich jeder Art von Gewalt bemeistert hatten, und größten Theils selbst Schriftsteller waren, riefen ihre Usurpationen als den Sieg der Freyheit aus: das ließen sie denn schreiben, drucken, in Kupfer stechen, in Schauspiele und Lieder bringen, in alle Zeitungen setzen, und trieben's so lange, bis das gute Volk es glaubte, mit ihnen einstimmte, und es nun von Paris bis Schleswig ertönte: Die Franzosen sind frey!

Engl. Aber wie konnte die Nation sich so anführen lassen?

Unpart. Die alte Regierungsform war durch ihre Drückungen und ihren Despotismus so verhaßt und lästig geworden, daß sie ihre Erretter in denen zu erblicken wähnte, welche diese alte Regierungsform über den Haufen warfen; sie ließ sich durch ihren glücklichen Eifer im Einreissen verführen, und erst seit dem sie die Verlegenheit, die Ungeschicklichkeit und das Unzusammenhängende des neuen Baues vor Augen hat, fängt sie an, einen Theil ihrer abgöttischen Verehrung für unsere politische Architecten zu verlieren.

Der Engl. zur Freyh. Das Alles hatte ich Ihnen voraus gesagt, aber Sie haben mir nicht glauben wollen.

Unpart.

Unpart. Das schlimmste dabey ist, daß die Ausländer unsere Revolution nun für eine flüchtige Anwandelung, kurz für nichts bessers, als für eine Mode ansehen werden.

Freyh. Das thut mir leid, denn die Franzosen haben doch manches Gute gewirket, das gewiß Wurzel schlagen und bleiben wird; denn was gut ist, bleibt immer gut, und hängt nie von der Uebertreibungen des Parteygeistes im Rühmen und Tadeln ab.

Unpart. Ich freue mich, in Ihnen einen so weisen und gemäßigten Beurtheiler zu finden; wollte der Himmel, wir Franzosen wären beides auch, und hätten nicht Ungestüm und Unbesonnenheit zu Führern aller unserer sich widersprechenden Schritte gewählt, die freye Staatsverfassung, nach der wir seufzen, würde weiter gediehen seyn.

Engl. Haben denn Ihre Philosophen und Gelehrte nicht versucht, sie zum Geist der Versöhnung und des Friedens zu bekehren?

Unpart. Leider! haben unsere Philosophen nur darnach gerungen, sich auf eine oder die andere Art wichtig zu machen. Und was unsere Gelehrten betrifft, so drehten sie sich, wie ewige Wetterfahnen, nach dem geringsten Winde der Volksgunst; sie verstanden wenig oder nichts von öffentlichen Staatsangelegenheiten, aber sie gaben sich damit ab, weil sie einsahen, daß sie nach dem Modetaumel nothwendig

wendig darein pfuschen müßten, wenn sie in Ansehen kommen wollten.

Freyh. Vielleicht schreckte auch die Zügellosigkeit die guten Köpfe ab, sich auf den Kampfplatz zu wagen, und vielleicht betreten sie ihn, so bald es nicht mehr so stürmisch ist.

Unpart. Das ist wohl möglich.

Engl. Ich meines Theils wünsche und hoffe es; denn Schriftsteller, welche sich von gesunden Grundsätzen leiten und nie durch Umstände von ihnen abwendig machen ließen, verdienen nach meiner Meinung eine weit dauerhaftere und gegründetere Achtung.

Unpart. Ich merke die Anspielung; Sie meinen darunter die Bergasse und Mounier.

Engl. Daß Sie es errathen, bestätigt mich noch mehr in dem guten Urtheil, das ich von Ihnen gefällt hatte.

Unpart. Meine Herren, werden Sie noch lange zu Paris bleiben?

Engl. Ich vielleicht noch einige Monathe.

Unpart. Und Sie, mein Herr?

Freyh. Groß war der Schritt, der sie vom Pfade der Sclaverey los riß, aber der Fortschritte auf dem We e der Freyheit haben sie nur wenige und schwache gethan. Mühsam wandelt man im Anfang, denn der Pfad ist enge und rauh, der zu ihr führt, aber

er

er wird größer und bequemer, so wie man weiter vorwärts dringt: am Ziel erwarte ich euch, denn ich bin die Freyheit.

Der Unparteyische wollte vor ihr niederfallen und anbeten, aber sie hob ihn auf, weil eine solche Stellung, sagte sie, sich nicht für sie schicke. Der Engländer drückte ihr herzlich die Hand, und dieses Zeichen der Huldigung gefiel ihr weit besser. Bis aufs Wiedersehen, rief die Freyheit dem Unparteyischen zu, aber sage dem ersten besten nicht, daß du mich gesehen hast; das Volk würde es glauben, und noch ist es nicht Zeit, daß es dieses glaube. Ich weiß, daß es meine Feindinn, die Zügellosigkeit, dafür gehalten hat. Allein, sage euren Gesetzgebern, daß ich Kopf, Hände und Füße zum Denken, zum Handeln und zum Gehen habe; so lange sie das nicht begreifen können oder wollen, sollen weder sie, noch das Volk, noch ihr mich wieder sehen.

Wie die Freyheit das gesagt hatte, verschwand sie vor den Augen der beiden: jeder von ihnen ging seinen Weg, und dachte nach seiner Weise über die Mittel nach, wie er die beste Nutzanwendung aus ihren Lehren ziehen wolle.

III.

III.

Die Sächsischen Bauern-Unruhen.

1790.

Die Sächsischen Bauern-Unruhen, so kurz und unbedeutend sie waren, so wichtig hätten doch ihre Folgen für ganz Deutschland werden können, wenn minder thätige Staatsmänner am Ruder gewesen wären, und wenn man sich dem wilden Strome mit minderer Entschlossenheit und Geschwindigkeit entgegen gesetzt hätte. Diese Unruhen entstanden zu einer Zeit, wo das Beyspiel der Französischen Revolution die meisten schwärmerischen Lobredner und Anhänger fand, und wo das panische Schrecken von Thronensturz und Abfall des Militärs durch Leute, deren Absichten schon damahls kein Räthsel dem tiefer Blickenden waren, geflissentlich verbreitet und vergrößert wurde. Der Verfasser dieses Aufsatzes erinnert sich sehr gut, welche Gerüchte man davon durch die Länder des Deutschen Reichs aussprengte; Gerüchte, die bloße Erfindung obiger Ver-
blindeten

bündeten waren, oder die gehoffte und schon als Thatsache *) angenommene Erfüllung eines Lieblingswunsches zum Grunde hatten. Er sprach sogar Personen, die mit einer Jacobiner-Unverschämtheit behaupteten, Augenzeugen gewesen zu seyn, wie ganze Sächsische Regimenter das Gewehr vor den Bauern gestreckt, und sich zu fechten geweigert hätten. Zum Glück von Sachsen hegten jedoch diese vortrefflichen Truppen gesündere und reinere Begriffe von Ehre und Treue, als jene Herren.

Die Veranlassung zum Ausbruch der aufrührerischen Gesinnungen dieser Bauern waren gar mancherley. Die zu gnädige Nachsicht und Gelindigkeit, mit welcher der Churfürst die Excesse und das tumultuarische Benehmen verschiedener Dorfschaften wegen des Wildes und der Jagdgerechtigkeiten väterlich übersehen hatte, bestärkte viele in dem Wahn, daß diese Großmuth politische Ohnmacht, und jetzt die Zeit gekommen sey, wo man jede Selbsthülfe und Ausschweifung ungeahndet begehen dürfe. So wahr ist es, daß Güte und Erlassung der Strafe oft ganz die entgegen gesetzte Wirkung erzeugen können. Beschwerden über Gerichtsherrschaften, Pächter, Gerichts-

---

*) Ungefähr so, wie der Maire Pethion zu Paris, und die Simonsche Zeitung zu Strasburg, die Einnahme von Mons an eben dem Tage verkündigten, wo ihre Landsleute vor den Oesterreichern Reißaus nahmen.

richtsdirectoren, wegen Frohnen, Hofdiensten, Zins-
entrichtungen, zu großer Vermehrung der Schäfe-
reyen ꝛc. Beschwerden, die zum Theil zwar unge-
gründet, allein zum Theil auch nicht grundlos waren,
reizten einen Versuch zu wagen, sich selbst Recht
zu verschaffen. Ein dritter Hebel waren die Zeitungen. Hier lasen sie täglich die verschönerten Schilderungen von dem glücklichen Zustande den sich Frankreich durch seine Selbsthülfe errungen habe: wie man
dort ungestraft den Obrigkeiten und Regenten den
Daumen aufs Auge drücke, sie mißhandele, seine
Feinde an Laternenpfähle aufhänge, alles was Edelmann heisse, plündere oder ächte, und so die ver-
schollenen Menschenrechte, oder besser, die Rechte
des Stärkern, in ihre volle Kraft den lästigen Gesetzen zum Possen wieder einsetze. Wenn man überlegt, in welchem Ton der Empfehlung die mehresten
Zeitungen und Volksblätter von der Französischen
Revolution sprechen; mit welchen verführerischen Farben sie solche als Muster und als die Glorie des un-
ternehmenden Menschengeistes darstellen; wie sorgfältig sie die reizendsten Aussichten davon ins Licht
zu setzen, und hingegen die Uebel, Widersprüche und
schädlichen Folgen zu verheimlichen suchen: so kann
man sich nicht genug wundern, daß in den Provinzen Deutschlands nicht mehrere Aufruhre und Empörungen ausgebrochen sind; der Grund davon,
warum dieses nicht so allgemein geschah, ist lediglich in dem Gefühl der milden Regierungen unsrer
Fürsten,

Fürsten, und in des Deutschen angeborner Treue und kalter Ueberlegung zu suchen *).

Auf

*) Vielleicht ist hier der Ort, ein Paar Beherzigungen über Zeitungs=Polizey einzuschalten. So überzeugt ich bin, daß jede der Preß= und Druckfreyheit angelegte Fessel, von den schädlichsten Folgen seyn würde, und daß es Jedermann frey gestellt bleiben müsse, seine Meinungen unter seiner Verantwortlichkeit, unbeschränkt durch den Druck in Umlauf bringen zu dürfen, so glaube ich doch, daß bey solchen Blättern, die vorzüglich für den gemeinen Mann bestimmt sind, und in aller Classen Hände kommen, der Inhalt entweder genau nach dem Umfange seiner Cultur und Beurtheilungskraft abgewogen, oder von Obrigkeits wegen in Zeitläuften, wie die jetzigen, darauf gesehen werden müsse, daß man den gemeinen Mann nicht durch irrige Vorspiegelungen wider seine eigene und des Staats Ruhe waffne; zumahl da bey ihm der Wahn gilt: was gedruckt ist, ist wahr! — Doch dieses scheint vielen Obrigkeiten, nach dem Ton der Zeitungen ihres Landes zu urtheilen, noch nicht einleuchten zu wollen. (Von Journalen, gelehrten Blättern, Büchern, Broschüren rc. ist hier nicht die Rede; diese kommen in die Hände von Sachverständigen und von Aufgeklärten). Als der Verfasser des Botens von Thüringen (ein Blatt das für den gemeinen Mann ausdrücklich geschrieben ist, und sonderlich von Bauern gelesen wird) zur Zeit der Sächsischen Bauern=Unruhen äusserte: „er hoffe nicht, daß der Chur=„fürst Gewalt gegen seine rebellischen Unter=„thanen gebrauchen werde;„ so war eine solche Aeusserung, auf das gelindeste geurtheilt, vorwitzig und unüberlegt Schubart's Chronik, und manche Artikel der neuen Hamburger Zeitung, gehören ebenfalls ganz in die Classe der La Veaunischen und Simohschen Tageblätter, des Cottaschen Journals u. s. w.

Auf den ansehnlichen Gütern eines reichen Edelmannes in Sachsen in der Gegend von Stauchitz, ging das Mißvergnügen der Unterthanen in offenbare Widersetzlichkeiten über. Täglich fielen zwischen ihnen und den Dienstleuten der Gerichtsherren kleine Händel vor, und täglich wurden sie dreister und verwegener. Zuletzt entsagten sie förmlich durch Abgeordnete allen Hof- und Frohndiensten. Zu gleicher Zeit wiegelten sie ihre Nachbaren auf, die zum Theil auch mit ihren Gerichtsherrschaften unzufrieden waren, indem sie solche beschickten, und ihnen bekannt machten, „daß sie sich von aller Dienstbarkeit los gemacht hätten, und daß sie also ihrem Beyspiel folgen, und diesen Zeitpunct, ein beschwerliches Joch abzuschütteln, nicht versäumen möchten." Diese Botschaften bewegten in kurzem die Gemeinen an mehreren Orten, nicht allein ihren Herrschaften das Betreiben der Bauernfelder zu verbieten, sondern ihnen auch, bis zur Abstellung der Beschwerden, alle Dienste aufzusagen. An manchen Orten geschah dieses mit vieler Höflichkeit, ja oft mit einer Ehrfurcht, die mit ihren Zumuthungen seltsam contrastirte; aber an den meisten andern Orten geschahe es mit Grobheit und Ungestüm. Von dem Augenblicke an versammelten sie sich nun oft in Schenken und Wirthshäusern, und rathschlagten, wie sie sich verhalten wollten, wenn die Obrigkeiten Gewalt gegen sie gebrauchen würden. Der Schluß fiel dahin aus, alle für Einen, und Einer für Alle zu stehen, und sich wechselseitig zu schützen;

schlitzen; die Dorfgerichte schlugen sich theils freywillig zu den Aufrührern, theils wurden sie mit Gewalt dazu gezwungen, und diejenigen, welche gar nicht in diesen sträflichen Unsinn einwilligen wollten, sahen sich den grausamsten Mißhandlungen ausgesetzt.

Müssiggang und Schwelgen, sind die gewöhnlichen Symptomen des modischen Revolutionsschwindels. So wie in Frankreich der Handwerker sein Handwerksgeräthe an den Nagel hängt, seine Werkstätte, wie der Kaufmann seinen Laden, schließt, in die Clubs läuft, den Soldaten spielt, von dem Erbtheil seiner Väter und dem Erwerbe seiner vorigen Industrie zehrt, und so für sich und seine Familie zum künftigen Bettler reift *): so fing auch der Sächsische Bauer an, nicht mehr zu arbeiten; ganze Gemeinden saßen täglich in ihrem Sonntagsstaate in der Schenke, tranken und spielten, und schmäheten auf ihre Gerichtsobrigkeiten. Wer irgend eine Beschwerde zu haben wähnte, trug sie öffentlich dem Kreise seiner Bundesgenossen vor. Dadurch wurden die

---

*) Ich rechne unter die schädlichsten Folgen der Revolution in Frankreich, daß so viele fleißige Hände dadurch der Arbeit entwöhnt, und ihrer alten Industrie ganz fremd geworden sind. Nichts legt sich schwerer als eingewurzelter Müssiggang. Ich wünschte, daß ein deutscher Ritter den reellen Nachtheil berechnete, der für Frankreich aus diesem Stillstande des Fleisses und Verdienstes schon jetzt erwachsen ist. Welch ein ungeheueres Deficit für die Zukunft!

die Gemüther immer erhitzter, und zu Gewaltthätigkeiten geneigter. Einige Bauern, welche glaubten mit der Feder gut umgehen zu können, brachten Alles zu Papier, und mit diesen neumodischen Protokollen verfügten sich ganze Haufen von ihren Deputirten nach Dresden und Pillnitz, und verlangten, sie dem Landesherrn selbst zu überreichen. Der Churfürst, der von jenen strafbaren Vorfällen zur Zeit noch wenig unterrichtet war, empfing sie äusserst gnädig und herablassend, und versprach ihnen, daß ihre Beschwerden schleunig untersucht, und wären sie gegründet, gewiß abgestellt werden sollten. Doch in ihrer Verblendung, und trotzend auf die bisherige Straflosigkeit, wähnten sie, die weisen Maßregeln ihres gnädigen Fürsten nicht abwarten zu dürfen, sondern beschlossen, ihre Forderungen selbst aufzusetzen, sie ihren Gerichtsherrschaften zur Unterschrift vorzulegen, und die Einwilligung ihnen mit Gewalt abzudringen, wenn sie in Gutem nicht wollen würden.

Unterdeß hatten sich die Gutsbesitzer alle Mühe gegeben, ihre verführten und aufgebrachten Unterthanen auf bessere Gesinnungen zu bringen. Einigen glückte es, welche sanfte und nachgiebige Mittel wählten, Stücken Feld oder Wiesen abtraten, die Frohnen einstweilen bezahlten u. s. w. Hingegen andere, welche ihre obrigkeitliche Gewalt gebrauchen wollten, verfehlten ihren Zweck ganz. Man riß den Gerichtshaltern die Registraturen und Schreibtafeln

aus

aus den Händen; man nahm ihnen Feder und Dinte; man mißhandelte sogar einige mit Schlägen, und da in Sachsen die Geldbußen noch nach alten und neuen Schocken gerechnet werden, so riefen diejenigen, welche vor Zeiten von dem Gerichtshalter um Geld gestraft worden waren, indem sie derber als die andern zuschlugen, „das ist für die alten, das für die neuen Schocke!„

Die Gutsbesitzer schickten die dringendsten Vorstellungen an den Landesherrn ein, und baten um Schutz und um Erhaltung ihrer Gerechtsame. Die Landesregierung erließ hierauf an alle Beamten des Meißnischen, Gebirgischen und Leipziger Kreises, unterm 21ten August, ein den Umständen angemessenes, auf das Tumultmandat von 1726 sich beziehendes Rescript. Die Beamten kamen dem Befehl gewissenhaft nach. Sie publicirten und ermahnten; doch das alles fruchtete wenig oder nichts, ungeachtet sonst die Landesregierung im größten Ansehen bey den Bauern steht; die Aufrührer hielten das Rescript nicht für echt, sondern für ein von ihren Herrschaften erschlichenes, weil sie den Nahmen ihres Landesherrn nicht darunter fanden. Zwey kleine militärische Commando, welche unweit Oschatz, von dem Churfürstlichen Beamten, und von einem Rittergutsbesitzer zur Bedeckung requirirt worden waren, wurden von großen Haufen bewaffneter Bauern insultirt und zurück getrieben. Ein andrer

E   Haufe

Haufe von einigen Tausenden verlangte und erhielt von dem Kreisamte der Stadt Meissen die Loslassung von fünf arretirten Rädelsführern, weil die Schwäche der Garnison, und hauptsächlich die Besorgniß, daß die Porcellan=Fabrik beschädigt werden könnte, den Unter=Beamten in Abwesenheit des Ober=Beamten veranlaßte, den Bitten der 10 Abgeordneten des Haufens nachzugeben.

Die Folgen dieser drey Vorfälle waren von der äussersten Wichtigkeit, und erhöhten die Kühnheit der Aufrührer zu einem noch stärkern Grade. Viele andere Gemeinen, die bisher noch unentschlossen gewesen waren, schlugen sich nun zum grossen Haufen, und den ruhigen drohte man mit Feuer und Schwert, wenn sie nicht gemeinschaftliche Sache machen würden. In jedem Dorfe wurden einige gesattelte Pferde stets in Bereitschaft gehalten, damit man die Nachbarn bey dem Anmarsche eines militätischen Commandos sogleich zusammen berufen könnte. Man bestimmte gewisse Tage, an welchen man gegen diesen oder jenen Edelmann eine Expedition vornehmen und ihn nöthigen wollte, die Reverse zu unterschreiben, oder seinen Unterthanen Entschädigungen zu bezahlen; wobey sich denn die fremden Gemeinen gewöhnlich am eifrigsten und gewaltthätigsten bewiesen.

Die

---

*) Des Herrn Hofrath von Welk, der sich damahls wegen seiner Gesundheit in Carlsbade befand.

Die Forderungen der Bauern schränkten sich nun nicht mehr, wie im Anfange, auf Abstellung der vorigen Beschwerden ein, sondern sie kannten keine Grenzen mehr. Entsagung aller Ansprüche auf Hofdienste, auf Frohnen und Zinsen, ferner Erstattung aller Straf- Kauf- und Abzugs-Gelder waren gemeiniglich die ersten und kleinsten Zumuthungen, welche sie an ihre Gerichtsherren machten. Viele der letztern wurden gezwungen, sehr ansehnliche Summen Geld an sie auszuzahlen. Dem einen Bauer war ein Stück Feld, dem andern eine hübsche Wiese, dem dritten ein Hölzchen gelegen, und so bald einem von ihnen etwas anstand, so ließ er den Herrn durch die fremden Bundesgenossen darum begrüßen, und der Herr war dann so klug, den Großmüthigen zu spielen, und sein halbes Gut an einem solchen Tage zu verschenken.

Es war hohe Zeit, einen der wachsenden Gefahr angemessenen und schleunigen Entschluß zu fassen, und zum Glück von ganz Deutschland wurde er gefaßt. Unter dem Commando des Generalmajors von Boblick wurde ein Corps Truppen, so wohl Fußvolk als Reitrey, zusammen gezogen, und obgleich einige dieser Regimenter (Prinz Anton und von Boblick) in nicht vollen 24 Stunden 1: bis 12 Deutsche Meilen in forcirten Märschen zurück gelegt hatten, so verdrängte doch bey allen der Eifer und die Liebe für ihren Landesherrn die Müdigkeit. Als der General-Inspector, Generallieutenant von Lind, ihnen entgegen eilte und sie fragte, ob sie mit Freuden zum verlangten Schutz ihres Vaterlandes und Landesherrn erschienen, erscholl aus allen Reihen ein rührendes und freudiges Ja!

Die Aufrührer, und mit ihnen alle Revolutionsfreunde, vermutheten nichts weniger als dieses: sie schmeichelten sich vielmehr mit dem Wahn, daß die Sächsischen Regimenter, die beynahe ganz aus Landeskindern bestehen, welche theils Bauern gewesen sind, theils nach geendigter Capitulation wieder in den Bauern-Stand zurück kehren, bey ernsthaften Vorfällen ihre Schuldigkeit nicht thun, ja vielleicht gar gemeinschaftliche Sache mit ihnen machen würden. Sie hatten ja in den Zeitungen Deutschlands den Meineid und die Untreue der Gardes Françoises als Bürger-Tugend und als rühmliche That ausrufen hören, und beurtheilten also die Treue *) des Deutschen Kriegers nach dem Maßstabe von diesen.

Aber)

---

*) In einem Hefte des Schleswigischen Journals von 1792 steht ein merkwürdiger Aufsatz eines Revolutions-Schwärmers, des Inhalts, wie man noch nicht alle Hoffnung aufgeben dürfe, die Treue der Deutschen Militärs zu untergraben, und es in Meineid und Meuterey einzuweihen. — Und so was wird in einer großen Deutschen Stadt (denn Schleswig statt Braunschweig ist bloß Maske, und die Expeditionen und Versendungen geschehen noch immer von Braunschweig aus) öffentlich und ungeahndet gedruckt? — Nun rede man noch von Preßzwang in Deutschland!

Aber, o ihr Vainquers de la Bastille! o ihr hommes du 14 Juillet, wie übel würde es um eure Elege und eure Piken ausgesehen haben, wenn euer premiere fonctionaire public treue Sachsen oder lauter Schweizer in der Bastille und in seiner guten Stadt Paris gehabt hätte!

Der Anmarsch der Soldaten machte also wenig Wirkung auf die Aufrührer; einige lachten, als man ihnen von scharfgeladenen Gewehren und Canonen vorerzählte, und verließen sich getrost auf die gehoffte Unthätigkeit ihrer Landsleute. Doch diese wackern Krieger, von deren hier bewiesenen Treue und Kriegszucht noch künftige Zeitalter mit dankbarer Bewunderung sprechen werden, äußerten gleich durch ihr erstes Benehmen, was man sich von ihnen versprechen könnte. An einigen Oertern, wo Unruhen ausbrachen, ergriffen die daselbst auf Urlaub befindlichen Soldaten ohne Ordre ihre Tornister, und eilten zu ihren Compagnien zurück, wo man oft die erste Nachricht von den aufrührerischen Ereignissen ihrer Gegend durch sie empfing. Ein merkwürdiges Beyspiel trug sich im Dorfe Wilthen zu, das an die Oberlausitz grenzt. Die dasigen Bauern hatten beschlossen, ebenfalls ihrer Herrschaft Gehorsam und Dienst aufzukündigen. Der Gerichtsdirector warnte sie, von ihrem Vorhaben abzustehen, weil, wenn gütliche Vorstellungen nicht fruchten wollten, das Militär sie bald zu ihrer Schuldigkeit zu bringen wissen würde. Allein die Bauern verlachten höhnisch diese Ermahnungen, und versicherten, „die Sol„daten würden ihnen nichts thun, denn sie wüßten „schon, wie sie mit selbigen ständen.„ Der Gerichtsdirector, Nahmens Achilles, ergriff hierauf einen Ausweg, der die beste Wirkung that. Er ersuchte einige im Dorf auf Urlaub anwesende Soldaten des Prinz Antonschen und des von Hartizschen Regiments, lauter Söhne oder Verwandte dasiger Unterthanen, vor der Gerichtsstelle zu erscheinen, und als sie erschienen waren, fragte er sie in Gegenwart der Bauern, was sie thun würden, wenn die Unterthanen nicht ruhig blieben, sondern sich aufrührerisch betragen sollten? — Die Soldaten erklärten hierauf einmüthig im Nahmen ihrer Verwandten, daß sie ihre Pflichten als Soldaten kennten, und auf das Commando ihrer Officier keinen Verbrecher wider die Gesetze, und wäre es ihr nächster Verwandter, schonen würden. Erschrocken hörten die schon versammelten Bauern diese muthige und rühmliche Erklärung der Soldaten an, erkannten ihren Irrthum, gingen ruhig aus einander, und gaben von dem Augenblicke an alle Anschläge zur Empörung auf.

Es würde zu weitläuftig seyn, wenn ich hier alle die Vorfälle und Expeditionen, bey welchen sich die Thätigkeit und der Eifer der commandirten Truppen gezeigt hat, umständlich detailliren wollte; ich begnüge mich, die beiden einzigen anzuführen, wo die

Truppen mit den Aufrührern im freyen Felde wirklich handgemein wurden, und wo der Ausgang so übel für die Bauern ablief, daß durch das Beyspiel und Gerücht die Ruhe plözlich wieder hergestellt wurde.

Ein Detaschement von Prinz Clemens, Infanterie, und von Gersdorf, Dragoner, unter Anführung des Hauptmanns von Larisch und des Rittmeisters von Boncet, erfuhr auf seinem Marsche, daß ein großer Haufe Bauern in Pinnewiz allerley Unfug getrieben habe, daß die Gemahlinn des Gerichtsherrn, als Magd gekleidet, glücklich entkommen sey, daß aber der Gerichtsherr selbst auf seiner Flucht noch von den Bauern verfolgt werde. Beide Capitäns *) marschirten sogleich ab, um den Gerichtsherrn zu retten, wenn er etwa in die Hände der wüthenden Bauern gefallen seyn sollte. Das Commando war nicht lange marschirt, als es, wie es eben aus einem hohlen Wege defiliren wollte, ganz unvermuthet auf einen 6 bis 700 Mann starken

---

*) Die Dörfer, durch welche die Soldaten kamen, waren ganz leer von Mannspersonen; hingegen fanden sich viele Bauerweiber ein, welche freywillig den durstigen Soldaten ganze große Töpfe mit Milch brachten, und alle Bezahlung dafür ausschlugen: nur baten sie die Soldaten, ja nicht auf die Bauern zu schießen, weil ihre Männer mit unter den Haufen wären. Allein die Soldaten ließen sich die Milch schmecken, ohne auf ihre Bitten zu achten.

ken Bauern-Schwarm stieß. Dieser Trupp brachte
den gefangenen Gerichtsherrn zurück. Seine Kutsche
fuhr an der Spitze, von einer großen Anzahl bewaffneter Bauern umringt. Sie wollten eben in
den hohlen Weg hinein, als sie die Dragoner zu
Gesicht bekamen. Sie stutzten und machten Halt.
Die Infanterie war noch zurück, und wurde also
von ihnen noch gar nicht bemerkt. Der Rittmeister
ritt an die vordersten Bauern heran, um, dem Befehle gemäß, die Güte zu versuchen, ehe er Gewalt
brauche. Allein ein fast 70jähriger Greis, der Anführer der Bande, befahl ihm trotzig, sich um seine
Sachen zu bekümmern und Platz zu machen. Unterdessen rief der gefangene Gutsbesitzer dem Rittmeister
in Französischer Sprache zu: „Um Gottes willen,
„retten Sie mich aus den Händen dieser wüthenden
„Leute!„ Der Rittmeister antwortete ihm in derselben Sprache. Der Greis, Nahmens Brander, aus
Lage, den das verdroß, daß beide in einer ihm un-
verständlichen Sprache sich unterhielten, verlangte
in derben Ausdrücken, daß sie Deutsch sprechen sollten. Bey der weitern gütlichen Unterhandlung griff
er wie von ohngefähr nach dem Zügel des Pferdes
des Rittmeisters, auch drängten sich mehrere Bauern
an den Rittmeister, als ob sie nicht recht verstehen
könnten, was geredet würde. Endlich machte der
Greis einen Versuch, den Rittmeister vom Pferde
zu werfen, und zugleich schrie er und mehrere
dem großen Haufen zu: Schlagt los! — Aber

in eben dem Augenblicke fuhren auch die Dragoner wie ein Pfeil unter die Bauern, und stürzten sie die Anhöhe hinab. In Einem Augenblicke war der Gerichtsherr befreyt, die Wache, die seine Kutsche umringte, zerstreut, und der Greis und noch ein anderer Wortführer gefangen.

Die Bauern, nachdem sie sich von dem ersten Schrecken des Anprellens der Dragoner erhohlt, und mehrere Haufen zur Verstärkung an sich gezogen hatten, machten von neuem Miene, als ob sie die Spitze bieten wollten; allein als nach einigen fruchtlosen gütlichen Versuchen die Infanterie mit den Dragonern in einer Fronte auf sie anrückte, und der Hauptmann, Pfanndeckel ab! Patrontaschen auf! commandirte, machte der Anblick der scharfen Patronen ihrer noch übrigen Standhaftigkeit ein Ende, und sie sahen sich alle nach der Flucht um. Doch ihrer großen Frechheit und des Beyspiels wegen, glaubten beide Capitäne, sie nicht ohne Züchtigung nach Hause gehen lassen zu dürfen. Die Dragoner setzten von neuem unter sie, und in Einem Augenblick lag Alles auf den Knieen, und flehete um Gottes willen um sein Leben. Nie war ein Schlachtfeld je dichter mit menschlichen Leichnamen bedeckt gewesen, nur mit dem Unterschiede, daß sich keine Todten und Verwundeten darunter befanden. Die langen blitzenden Säbel der Dragoner setzten die Bauern in Todesangst; gehorchte man ihrem Zurufe nicht,

nicht, Knittel weg! so probirten die Dragoner ihre neuen Seitengewehre auf dem Rücken der Ungehorsamen. Durch das Klatschen der flachen Säbelhiebe vermehrte sich das Angstgeschrey der zitternden Bauern, welches die Soldaten der Infanterie mit lautem Gelächter über diesen comischen Auftritt beantworteten. Man arretirte noch sechs der Frechsten, worauf der Rittmeister Apell blasen ließ, die Bauern aber, mit Hinterlassung ihrer Hüthe, Mützen und Waffen, eiligst Reißaus nahmen. Jeder Soldat versah sich auf der Wahlstatt mit einer Anzahl Knittel als Siegeszeichen. Sie waren keulenartig geformt, und oben mit schweren eisernen Ringen beschlagen. Bey diesem für den gemeinen Mann sehr beschwerlichen Marsch, gab der Soldat den überzeugendsten Beweis von seiner Unverdrossenheit und seinem guten Willen. Seit drey Uhr des Morgens bis Abends neun Uhr, war er beständig auf dem Marsch und in Bewegung gewesen, und doch ließ nicht Einer Mißvergnügten blicken, obgleich alle hungrig, durstig und ermüdet seyn mußten.

Der zweyte Vorfall lief ernsthafter ab. Die Mißvergnügten in der Gegend von Rochsburg hatten nicht allein sich gegen ihren Herrn, den Grafen von Schönburg, empört, sondern auch beschlossen, sich thätlich an ihm zu rächen, und ihn in seinem Schlosse zu Rochsburg zu überfallen. Sie vereinigten sich mit den Einwohnern der Stadt Burgstädtel, und

und rückten, 1200 an der Zahl, auf das Schloß. Der Graf war noch zeitig genug gewarnet worden, und entflohen. Die Aufruhrer konnten also ihre Rache nur am Schlosse auslassen, wo sie Alles ruinirten was ihnen unter die Hände kam. Unterdessen hatte der Graf, um ihrer Wuth Einhalt thun zu können, sich von einem Rittmeister des Regiments Churfürst Kürassier, der in der Nachbarschaft stand, Hülfe ausgebeten. Der Rittmeister, welcher seinen Posten nicht zu sehr entblößen wollte, commandirte zu dieser Expedition nur einen Officier und dreyßig Mann. Dieses kleine Commando, als es sich dem Schlosse näherte, wurde gewahr, daß die Aufrührer sich in Reihe und Glieder stellten, und Mine machten, dem Commando, das auf dem schmalen Wege den Berg hinauf marschirte, den Eingang ins Schloß zu verwehren. Der Officier, der Lieutenant von Lichtenhayn, merkte nun wohl, daß er hier ohne Gewalt nichts ausrichten würde. Doch versuchte er gütliches Zureden, und bat, dem Commando Platz zu machen. Allein statt der Antwort schleuderte man eine von jenen Knittelkeulen nach ihm, die dicht an seinem Kopf vorbey, und dem hinter ihm haltenden Unterofficier mit solcher Gewalt auf die Brust flog, daß er rücklings vom Pferde sank. Eine Minute Zögerung, und ein Hagel von Steinen und Knitteln hätte das ganze Commando von der Höhe herab zu Grunde gerichtet; allein der schnelle Entschluß des braven Officiers ließ ihnen nicht Zeit dazu. Im Augenblicke

des

des Knittelwurfs ergriff er die Pistole, feuerte sie ab, und setzte mit verhängtem Zügel in den dicksten Haufen der Aufrührer. Seine wackere Mannschaft folgte seinem Beyspiel; sie schoß ihre Pistolen ab, und sprengte mit blanken Säbeln unter die Tollkühnen. Ein großer Theil, besonders die Bürger von Burgstädtel*), nahmen sogleich die Flucht. Die übrigen, die sich zu widersetzen und mit Steinen und Knitteln zu wehren wagten, wurden mit Gewalt zu Paaren getrieben. Einige zwanzig wurden verwundet, jedoch nur wenige gefährlich.

Diese beiden Vorfälle, vom Gerücht vergrößert und ausgeschmückt, dämpften den Unfug, und löschten das Feuer der Empörung in manchem schwindelnden Kopf aus, der nur den Ausgang abgewartet hatte. Der Bauer wurde überzeugt, daß er es mit treuen Deutschen, und nicht mit eidbrüchigen Neu-Franken zu thun habe. Und sein Leben und seine heile Haut waren ihm zu lieb, um beide muthwillig daran zu wagen. Als daher bey Frehberg einige Tausend Bauern an ihren in die Stadt geflüchteten Gerichtsdirector ein Schreiben voller Drohungen abschickten,

---

*) Die Bürgerschaft zu Burgstädtel hat in einer öffentlichen Zeitung gegen den Herrn Lieutenant von Liebenroth sich sehr ungebehrdig angestellt, daß er in seinen Fragmenten, die Sächsischen Bauern-Unruhen betreffend (Dresden und Leipzig 1791. Octav, eine sehr lesenswerthe Schrift, der ich bey diesem Aufsatze oft wörtlich gefolgt bin), ihres Antheils an diesem Aufruhr erwähnt habe.

schickten, bedurfte es bloß folgender eben so laconischen als kräftigen Antwort des Commandanten, um sie zur Vernunft zurück zu bringen.

„An die Rebellen zu Gersdorf.„

„Ihr habt eurem Gerichtsdirector geschrieben,
„daß ihn viele Tausend Bauern, trotz aller Gegen„wehr der Garnison, mit Gewalt heraus hohlen
„würden.

„Diese Drohung ist mir sehr lächerlich; ich
„werde euch gewiß zu empfangen wissen. Ihr
„könnt euch aber die Mühe ersparen, hieher zu
„kommen; denn wofern ihr nicht bald ruhig
„seyd, so werde ich selbst unvermuthet zu euch
„kommen, und euch durch Kartätschen zusammen
„schießen und durch Cavallerie zusammen hauen
„lassen, daß noch euren spätesten Nachkommen
„dieses Blutbad unvergeßlich seyn und zur ewi„gen Warnung dienen soll.„

Baron von Hiller, Generallieutenant.

Die versammelten Bauern ließen sich dieses Schreiben von dem Richter laut vorlesen. Sie wurden so bestürzt darüber, daß sie unverzüglich sich zerstreuten, und sich von nun an ruhig betrugen. Und so waren in einer Zeit von acht Tagen die Unruhen unter den Sächsischen Landleuten ganz gestillt. Die Unterthanen, nachdem man sich der Rädelsführer bemächtigt hatte, kehrten von selbst wieder zum Gehorsam

horsam zurück, und verrichteten ihre Obliegenheiten wie zuvor. In dem Leipziger und Thüringer Kreise hatte der Bauer so keinen Antheil an diesen Empörungen genommen.

Sehr vieles trug auch zu dieser glücklichen Endschaft die churfürstliche Commission bey, an deren Spitze sich der Herr Canzler von Burgsdorff befand, ein Mann, der mit tiefer Einsicht und mit einem Schatz von Kenntnissen, Leutseligkeit und strenge Biederheit verbindet, und auch bey dieser Gelegenheit davon die glänzendsten Proben gab. Die Commission prüfte bey ihren sechs und dreyßig vorgenommenen persönlichen Untersuchungen auf das gewissenhafteste die Beschwerden, so wohl der Gutsherren als der Unterthanen; sie ließ letzteren volles Recht widerfahren, wenn das Recht auf ihrer Seite war, sie strafte aber auch eben so unparteyisch die Schuldigen und Rädelsführer. Die Anzahl der letztern, die nach und nach in Verhaft gebracht wurden, belief sich auf 158. Sie wurden, nach der Größe ihrer Missethaten, mit Festungsbau, Zuchthaus, oder auch nur mit Gefängniß bestraft.

Der Geist der Milde und Güte, der als eine Frucht wahrer Aufklärung die Verwaltung Deutscher Staaten in unserm Zeitalter bezeichnet, wirkte auch hier. So wie die ganze Stillung des Aufruhrs niemand das Leben gekostet hat, so wurde auch keiner der Verbrecher nach der Strenge des Gesetzes behandelt.

delt. Selbst die auf dem Festungsbau und im Zucht=
hause befindlichen Aufrührer machen daselbst eine
eigene Classe aus, und tragen die gewöhnliche Klei=
dung solcher Gefangenen nicht. Sie sind von ihnen,
auch bey der Arbeit, abgesondert, und diese Arbeit
ist leidlich, und dient mehr zur Erhaltung ihrer Ge=
sundheit. Sie haben zwar ein Eisen am Fuße, es
ist aber leichter als das Eisen andrer Baugefange=
nen. Einige, welche zur Unterhaltung ihrer zahl=
reichen Familie in ihrer Heimath ganz unentbehr=
lich waren, sind sogar zu den Ihrigen wieder ent=
lassen worden, doch müssen sie dort das Eisen am
Fuße so lange tragen, als die Zeit der ihnen zuer=
kannten Festungsstrafe dauert.

So wie der Churfürst sein treues Militär be=
lohnte, so belohnte er auch durch Beschenkungen mit
goldenen Huldigungsmedaillen, mit 20, 40, 60 und
mehr Stück Vicariatsthalern, verschiedene einzelne
Bauern, die sich in aufrührerischen Dörfern weder
durch die Drohungen noch Mißhandlungen der Menge,
von ihrem Gehorsam und ihren Pflichten hatten ab=
spänstig machen lassen. Und dieser Beyspiele sind
nicht wenig. Die ganze Gemeinde Schönau im
Amtsbezirke Chemnitz, die mitten unter vier der un=
ruhigsten Dörfer lag, ließ sich von dem allgemeinen
Schwindelgeist doch nicht fortreißen, sondern wies
die Abgeordneten mit Verachtung von sich, und
beschloß, Gewalt mit Gewalt zu vertreiben, wenn
die

die Aufrührer ihre Drohungen in Erfüllung bringen wollten. Der Churfürst vergalt ihre Treue durch Schenkung einer ansehnlichen Geldsumme.

Indem ich diesen Aufsatz schließe, kann ich mich nicht entbrechen, eine Anmerkung über das auffallende Stillschweigen der meisten Deutschen Zeitungen zu machen. Sie, die so eifrig selbst die unverbürgtesten Gerüchte von Volksaufruhr, Meuterey, Revolutions-Gräueln, Ungehorsam u. s. w. verbreiten und nacherzählen, sie schweigen so ganz von dem schönen ehrenvollen Muster der Kriegszucht und Treue Deutscher Krieger, dem Pflichteifer einzelner Unterthanen, und der Entschlossenheit und Milde des Landesregenten, welches ein Feuer in der Asche erstickte, das bey einer andern Behandlung leicht in volle Flammen hätte ausbrechen, und durch seine Ansteckung ganz Deutschland in den chaotischen Zustand der Französischen Anarchie versetzen können. Kaum daß jene Zeitungen die Tilgung dieser Unruhen mit einem Paar Zeilen bemerkten.

IV.

IV.

Zwey Beyspiele von Revolutionen aus Fanatismus.

1.

Die Pastoureaux, oder Hirten.

Unter der Regierung Ludwigs des Lahmen, Königs von Frankreich 1321, versammelten sich Hirten und andere Leute ohne weitere Waffen, als Ränzel und Stab des Pilgers, und gaben vor, sie wollten nach Jerusalem ziehen und das gelobte Land erobern. Sie zogen in großen Haufen, zu denen sich eine Menge Müssiggänger, Landstreicher und anderes dergleichen Gesindel gesellte, so daß sich ihre Anzahl von Tage zu Tage vergrößerte; sogar Kinder von 16 Jahren nahmen sie mit sich fort, und selbst Weiber schämten sich nicht mit ihnen zu ziehen und ihre Männer zu verlassen, um ihnen zu folgen. Man nannte sie Pastoureaux oder Hirtlein. Ihre Anführer waren

waren zwey Geistliche; der eine war von seiner Pfarre wegen verschiedener überwiesenen Verbrechen abgesetzt worden, und der andere war ein entsprungener Benedictiner. – Anfangs beobachteten sie die genaueste Disciplin, zogen in Procession und paarweise, ließen ein Kreuz vor sich hertragen, besuchten andächtiglich die vornehmsten Kirchen, und bettelten sich ihren täglichen Unterhalt in der Demuth, die sich für den Stand der Dürftigkeit schickt; das Volk, das sie liebte, gab ihnen Lebensmittel im Ueberfluß; selbst der König, den sein Hang zu den Kreuzzügen verführte, begünstigte sie mit mehr Eifer als Politik; aber bald nahmen sie die Sitten der Bösewichter an, welche sich zu ihnen geschlagen hatten, und machten sich durch ihre Plünderungen und Gewaltthätigkeiten verhaßt. Einige wurden auf Befehl der Obigkeit in Verhaft genommen; sogleich stürmten die andern herbey, erbrachen die Thüren des Gefängnisses, und setzten sie in Freyheit. Als sie zu Paris anlangten, stürmten sie das Chatelet, warfen den Prevot von Paris, der ihnen Widerstand thun wollte, die Treppe hinab, und befreyeten ihre Kameraden, die im Kerker saßen. Von da begaben sie sich auf den pré au clercs, unweit der Abtey Saint-Germain, stellten sich in Schlachtordnung und erwarteten den Angriff des Guet oder der Häscher, von denen sie, wie das Gerücht ging, zerstreut werden sollten; aber niemand wagte sich an sie, und der Prinz und seine Minister ließen sie ruhig ziehen,

ohne

ohne sie züchtigen oder ihren Räubereyen Einhalt thun zu wollen, was sie denn immer unverschämter machte.

Die Juden sonderlich, denen sie keine andere Wahl ließen, als getödtet oder getauft zu werden, flüchteten überall vor ihnen, und suchten, was ihnen das liebste und beste war, in Sicherheit zu bringen. Viele von diesen Unglücklichen hatten sich in einem festen und hohen Thurm verschanzt, welcher nicht weit von Verdun an der Garonne lag. Sie wurden hier von den Pastoureaux wüthend belagert und vertheidigten sich mit gleicher Wuth, indem sie große Balken, schwere Steine, und selbst ihre eigenen Kinder auf die Stürmenden schleuderten. Aber die Pastoureaux ließen sich dadurch nicht abschrecken, und endlich gelang es ihnen, den Eingang der Festung in Brand zu stecken. Die Juden, die fast vom Rauch erstickten, sahen ein, daß ihnen kein Mittel mehr zur Rettung übrig blieb, und um nicht in die Hände der Unbeschnittenen zu fallen, baten sie einen von ihren Landsleuten, einen jungen und starken Menschen, sie zu tödten. Dieser nahm den Auftrag an, erwürgte ihrer 500, verließ hierauf mit einigen Kindern, die er verschonet hatte, den Thurm, erzählte den Belagerern seine That, und bat um die Taufe. Aber sie entsetzten sich vor seiner Barbarey, hieben ihn in Stücken und ließen nur die Kinder leben, die sie tauften.

Von da zogen die Pastoureaux nach Nieder-Languedoc. Schon waren sie nicht weit von Carcassonne, als der Senechal, Aymer de Cros, ein Verbot ergehen ließ, keine Gewaltthätigkeit mehr gegen die Juden zu verüben, weil sie dem Könige angehörten. Aber ihre Anhänger und Beschützer gaben zur Antwort, man dürfe sich nicht an Christen vergreifen um Ungläubige zu retten. Man war also gezwungen Truppen zusammen zu ziehen, und man befahl bey Lebensstrafe, daß niemand den vorgeblichen Kreuzfahrern Beystand leisten sollte. Man nahm eine Menge derselben in Verhaft, und ließ sie an den Stellen aufhängen wo sie ihre Grausamkeiten begangen hatten. So hatten sie zu Toulouse alle Juden umgebracht, ohne daß es möglich gewesen wäre sie daran zu verhindern. Die übrigen waren im Begriff nach Avignon zu ziehen, wo der Pabst seinen Hof hielt, aber sie fanden alle Pässe wohl besetzt. Viele wurden erschlagen, andere beschlossen ihr Leben am Galgen, die übrigen zerstreueten sich und verschwanden, ohne daß man weiter etwas von ihnen gehört hätte.

Diese Ereigniß, die ein Beweis ist, wie weit die Verwirrung der Einbildungskraft gehen kann, erinnert an die Secte der Verliebten, die einige Zeit darauf in Poitou entstand, und welche zwar nicht so boshaft, aber doch eben so große Schwärmer waren als die alten Pastoureaux. Diese neue Gattung von Landstreichern bildete einen Bund, den man die Brüderschaft der Liebebüßenden hätte nennen können,

können, und die man mit den Nahmen Galois und Galoises bezeichnete; denn das schöne Geschlecht wetteiferte mit den Männern, wer am würdigsten die Ehre dieser neuen Secte behaupten könnte, deren Hauptgegenstand war, das Uebermaß seiner Liebe durch eine unüberwindliche Halsstarrigkeit zu beweisen, und der rauhesten Witterung Trotz zu bieten. Die Ritter, Junker, Damen und Fräulein, welche Eingeweihete dieses neuen Bundes waren, mußten nach den Gesetzen ihres Instituts sich in der strengsten Kälte leicht, und in der größten Hitze warm kleiden. Im Sommer zündeten sie große Feuer an, und wärmten sich daran, als ob sie es höchst bedürftig gewesen wären, im Winter hingegen würde es die größte Schande gewesen seyn, Feuer in ihren Häusern zu finden. Sie kränzten dann ihre Oefen und Kamine, mit Laub und anderm Grün, wenn sie welches auftreiben konnten, wahrscheinlich sollte das eine Anspielung auf die Macht der Liebe seyn, welche die sonderbarsten Verwandlungen hervor bringt. Sobald ein Galois in ein Haus kam, so pflegte der Hausherr das Pferd seines Gastes auf das beste, ließ ihn Herr und Meister in seinem Hause seyn, und setzte keinen Fuß wieder über die Schwelle, bis jener es verlassen hatte. Dagegen wurde ihm, sobald er zu der Brüderschaft gehörte, eben so gefällig von Seiten des Mannes begegnet, dessen Frau ein Mitglied des Ordens und der Gegenstand seiner Aufwartung und seiner Liebe war. Dieß Possenspiel

dauerte

dauerte so lange, bis der größte Theil vor Kälte umgekommen war: viele erfroren in Gegenwart ihrer Freundinnen, so wie ihre Geliebten in Gegenwart ihrer Liebhaber, und mit dem Tode auf der Zunge spotteten sie noch über die, welche sich warm gekleidet und vor dem Frost verwahrt hatten. Vielen mußte man die Zähne mit Messern aufbrechen, und ihre erstarrten Körper durch Reiben und durch andere Mittel wieder ins Leben zu bringen suchen, so daß man wohl mit Recht behaupten kann, daß die meisten Eingeweiheten dieses Bundes als Märtyrer der Liebe starben. Zwar nahm diese Schwärmerey keinen so gefährlichen und für die Nebenmenschen so schädlichen Ausgang als die Schwärmerey der *Pastoureaux*, aber sie kann doch immer als Pendant zu dem Beweise dienen, welchen Revolutionen und gänzlichem Umsturz die Kräfte des menschlichen Verstandes ausgesetzt sind.

2.

Die Wiedertäufer.

Das beste Gegenstück zu den Pastoureaux sind die Wiedertäufer, und die Unruhen, welche sie ungefähr 200 Jahre darauf, sonderlich in den Niederlanden

landen anrichteten. Die Freyheit, welche Luther und andere Reformatoren jedermann einräumten, die Bibel zu lesen, und sie zu erklären, verursachte in diesen ersten Augenblicken der Gährung eben so viel Böses, als sie Gutes hätte stiften können. Es entstanden nach dem Gange, welchen gewöhnlich der Geist des Menschen nimmt, verschiedene Secten, von denen sonderlich eine den Fanatismus auf das höchste trieb; das waren die Wiedertäufer; man gab ihnen diesen Nahmen, weil sie die Taufe der Kinder verwarfen und daher die in der Kindheit Getauften von neuem tauften. Sie waren zuerst in Sachsen und der Schweiz aufgetreten, und ihre Anführer hatten, wie alle Häupter der Secte, sich göttlicher Eingebungen und der Gabe gerühmt, Wunder zu thun. Aus der Schule eines dieser Häupter, des Thomas Münzer, kam ein gewisser Melchior Hofmann nach Emden. Von hier sandte er einige Emissarien nach den Niederlanden, die sich bald Anhänger warben; unter andern befand sich ein Bäcker aus Harlem darunter, Nahmens Matthison, der seine alte Frau verließ, und mit einem jungen schönen Mädchen nach Amsterdam zog. Zu ihnen schlug sich Menno, Simons Sohn, von welchem die Secte und der Nahme der Mennoniten abstammt. Bald wirkte die Propaganda so eifrig in Münster, und wurde durch ihre dortigen Neubekehrten und durch die fremden Mitglieder, die von den Obern heimlich dahin beordert wurden, so stark vermehrt, daß sie sich der Stadt

bemäch-

bemächtigten. Nun erschien Matthison in eigener Person, nahm öffentlich den Titel eines Propheten an, und führte mit einer neuen Regierung die Gemeinschaft der Güter ein, die der Chef der Propagande unseres Zeitalters, Bischof Sauchet zu Paris, ebenfalls bisher in Schriften und Reden zu predigen versucht hat; so wahr ist es, daß die Schwärmereyen der alten und neuen Zeiten, sich in ihrem Wesen und Meinungen fast immer gleich sind. Unterdessen belagerte der Bischof Franz die Stadt. Der Prophet blieb in einem Ausfall, und der bekannte Johann von Leyden, (ein Schneidergeselle aus letzterer Stadt, wo die Schneiderzunft noch bis auf diesen Tag den Tisch, an welchem er gearbeitet hat, in ihrer Herberge als eine Reliquie aufhebt,) kam an seine Stelle. Er machte sich bey den Seinigen durch die Erlaubniß der Vielweiberey beliebt, und weil er ein Mitglied der Roderyker Gesellschaft, und die Königsrolle immer seine liebste Rolle gewesen war; so spielte er den König so gut, als wenn ihm die Königswürde angeboren gewesen wäre. Er herrschte mit dem größten Ansehen und Gewalt, aber seine königliche Herrschaft endigte mit der Einnahme der Stadt und mit seiner und des Knipperdollings und Bernhard Krechtings, seiner zwey vornehmsten Räthe, schrecklichen und martervollen Hinrichtung. Ihre Gerippe hing man in eisernen Käfigen an den höchsten Thurm der Stadt auf. Einer seiner Emissarien, Johann von Geelen besetzte im Vertrauen auf die

Prophe-

Prophezeihung des Königs von Zion, daß Amsterdam, und noch zwey andere Städte seine Herrschaft anerkennen würden, an der Spitze von nicht mehr denn 40 Mann, unter Trommelschlag den Markt, und das Rathhaus zu Amsterdam, und tödtete oder sperrte die wachhabenden Bürger ein. Ihre Anzahl würde ohne Zweifel ansehnlich vergrößert worden seyn, wenn sie die Sturmglocke hätten ziehen und dadurch ihre übrigen Brüder aufwecken und herbey rufen können. Zum Glück aber hatte ein trunkener Gerichtsdiener, der kaum wußte was er that, den guten Einfall gehabt, den Strick an der Rathhausglocke zu verstecken. Die zwey Bürgermeister von Amsterdam erwarteten an der Spitze der Bürgerschaft mit Ungeduld den Anbruch des Tages, um die Unsinnigen alsdenn besser angreifen zu können. Einer von ihnen, der mit seiner Compagnie schon in der Nacht angriff, wurde von den Wiedertäufern zurück geschlagen, und er selbst blieb mit einem großen Theil seiner Leute auf dem Platz. Sein College, der durch dieses Unglück vorsichtiger gemacht worden war, befahl seinen Bürgern, ruhig den Tages Anbruch zu erwarten, damit man Freunde und Feinde unterscheiden könnte. Nun glückte der Sturm. Der Markt wurde bald von den Schwärmern gereinigt, und die sich noch retten konnten, flüchteten auf das Rathhaus. Aber man sprengte die Thore und hieb sie, trotz ihrer verzweifelten Gegenwehr, in Stücken. Johann von Geelen hatte sich gleich An-

F 5 fangs

fangs ganz zu oberst auf den Rathhaus-Thurm geflüchtet, wo er verzweiflungsvoll den Tod suchte und sich selbst den Schüssen aussetzte. Noch athmete er, als man sich seiner bemächtigte und ihn vom Thurm herab stürzte. Grausam war die Verfolgung, welche nun gegen alle diese Schwärmer ausbrach; die sich für Propheten, Apostel und Bischöfe ausgaben, wurden zum Feuer, und die übrigen, nach dem Unterschied des männlichen oder weiblichen Geschlechts, zum Schwert oder zur lebendigen Begrabung verurtheilt. Und so strafte der blutgierige Eifer der Glaubensrichter blosse Verirrungen des Verstandes eben so strenge, als vorsetzliche Bosheiten und wirklich verübte böse Thaten.

V.

Wat-Tyler:

eine

merkwürdige Begebenheit des 14ten Jahrhunderts.

Im Jahr 1382, als Richard II. regierte, entstand ein Aufruhr unter dem Volke der Grafschaft Kent, die zu ihrem Anführer einen Dachdecker aus Dartford, Nahmens Wat-Hilliard oder Tyler, wählten. Die Kopfsteuer, welche Richard eingeführt hatte, und die Insolenz der Beamten, die diese Steuer erheben sollten, war die Veranlassung; die Frau des Wat-Hilliard wollte sie für ihren Mann, für sich und ihr Gesinde bezahlen, aber sie weigerte sich, ein Gleiches für ihre Tochter zu thun, weil sie noch nicht zwölf Jahr alt sey, und also noch für ein Kind gelten könnte. Der Steuereinnehmer beging die Unverschämtheit, sich durch eigene Besichtigung überzeugen zu wollen, ob die Tochter wirklich das Alter der Mannbarkeit erreicht habe. Die Mutter gerieth darüber in Wuth, die ganze Nachbarschaft lief zusammen,

men, und der Vater, der das Dach eines Hauses in der Stadt ausbesserte verließ seine Arbeit, so bald er hörte was vorgefallen war, und eilte wüthend nach Hause. Er fragte den Steuereinnehmer, mit welchem Recht er Hand an seine Tochter gelegt habe? Dieser gab eine grobe Antwort und wollte ihn schlagen. Der Dachdecker wich dem Schlage aus und spaltete ihm mit einem Stück von seinem Handwerkszeuge den Kopf. Sein Tod fachte die Wuth des Volks noch mehr zur Rache an, das der That des Wat=Hilliard seinen Beyfall gab, und ihm Schutz und Schirm zusagte. Er sah sich bald an der Spitze eines großen Haufens Aufrührer, die sich alle mit einem Eide verbindlich gemacht hatten, ihn nicht zu verlassen. Ihre Zahl wuchs bis auf 100000 an, welche Theil an der Empörung nahmen, und ihn für ihr Oberhaupt erkannten. Sie schwuren, alle Gerichtspersonen umzubringen, und überhaupt keinen am Leben zu lassen, der lesen und schreiben könnte; wer ihnen in die Hände fiel und zu seinem Unglück, nach damahliger Sitte, ein Schreibzeug an seinem Gürtel trug, wurde enthauptet. Der König wollte sich selbst zu ihnen begeben und sie zu besänftigen suchen, allein der Erzbischof von Canterbury rieth ihm davon ab. Als die Rebellen dieses erfuhren, thaten sie ein Gelübde, dem Erzbischof den Kopf vor die Füße zu legen. Sie zogen nach London, und der Lord-Manor war nicht Herr und Meister, ihnen die Thür zu verschließen, denn das Volk hatte das
größte

größte Vertrauen zu ihnen, weil sie alles bar bezahlten, und jeden mit dem Tod bestraften, welcher sich eines Excesses schuldig machte. Sie verbrannten den Pallast des Herzogs von Lancaster, welches das schönste Haus in England war, und damit man sie nicht beschuldigen könnte, daß es geschehen sey um zu plündern, so ließen sie bey Todesstrafe verbieten, das geringste zu nehmen, oder von der ungeheuern Menge Silberwerk, die sich darin befand, einen andern Gebrauch zu machen, als es in Stücken zu zerschlagen und in die Themse zu werfen. Einer von ihnen, der ertappt wurde, daß er ein Stück Silberwerk in seinem Hembde verborgen hätte, wurde augenblicklich ins Feuer geworfen, und lebendig verbrannt. Sie gaben auch alle die Bücher und Schriften den Flammen preis, welche sich in der Bibliothek des Tempelhofs befanden, wo viele Gerichtspersonen ihre Wohnung hatten. Eben so verfuhren sie mit den Häusern der vornehmsten Herren des Hofes, und es würde dem Tower von London nicht besser ergangen seyn, wenn der König, dem sie damit drohten, nicht eingewilligt hätte, selbst dahin zu kommen und ihre Vorschläge anzuhören. Als dieser Monarch vor dem Tower erschien, und ihm die Thore dieser Festung geöffnet wurden, drängten sie sich im Gemenge mit seinen Leibwachen und Gefolge hinein. Die Besatzung, welche aus 1800 Reisigen und Schützen bestand, wagte es nicht, sich ihnen zu widersetzen; sie liefen überall umher, durchstörten

alles,

alles, und hatten gar nicht Acht darauf, ob, zu
ihrer eigenen Sicherheit, sie nicht in zu geringer Anzahl hier wären; sie begaben sich sogar bewaffnet in
des Königs Zimmer, einige hatten die Unverschämtheit, auf sein Bette zu springen, sich darauf zu wäl-
zen, und die unanständigsten Reden gegen die Kö-
nigin Mutter auszustoßen. Während der Zeit suchten die übrigen den Erzbischof. Dieser Prälat, dem
es nicht unbekannt war, daß sie ihm nach dem
Leben trachteten, hatte die ganze Nacht im Gebet
und mit seinem Beichtvater zugebracht; sie trafen
ihn in seiner Capelle an, als er eben nach angehör-
ter Messe das Abendmahl empfangen wollte. Sie
rissen ihn vom Altar und schleppten ihn mit sich,
bis auf die Esplanade vom Tower. Das Gedränge
der Rebellen um ihn her war unabsehlich, und alle
hatten das bloße Schwert in der Hand, als ob sie
ihm schon tausend Tode zugleich anthun wollten.
Dessen ungeachtet verlor er die Gegenwart des Geistes
nicht, und hielt eine Rede an sie: „Ich bin euer
Erzbischof, sagte er zu ihnen, und kein Verräther;
was habe ich gethan, um einen solchen Tod zu verdienen? Seht euch wohl vor, lieben Brüder! Sterbe
ich von euren Händen, so wird dieses Verbrechen
nicht ungeahndet bleiben, und ganz England in
Bann gethan werden." — Doch diese Drohung
machte keinen Eindruck; man hieb ihm den Kopf ab,
und steckte ihn auf der Londner Brücke auf. Eben
so verfuhren sie mit dem Groß-Schatzmeister, mit dem
Beicht-

Beichtvater des Königs, und mit dem gewesenen Lord-Mayor. Ihre Grausamkeit erstreckte sich bis auf die Fremden, und sonderlich auf die Flamländer. Wenn sie jemanden in Verdacht hatten, daß er einer von diesem letztern Volke seyn möchte, so zwangen sie ihn, drey Englische Worte auszusprechen, die viele Aehnlichkeit mit drey Flamländischen haben, und die dasselbe ausdrücken, allein in der Aussprache ganz anders klingen, was es daher den Flamländern sehr erschwert, sie nach der Englischen Weise auszusprechen. Diese drey Worte lauten auf Englisch: Bread and cheese, und auf Flamländisch, wie auf Deutsch: Brot und Käse. Sobald sie nur einen Fehler in der Aussprache dieser Worte bemerkten, so stießen sie ein fürchterliches Geschrey aus, rissen dem Unglücklichen die Mütze vom Kopf, und schlugen ihm das Haupt ab. In einer Unterredung, welche der König mit ihnen hatte, sagten sie ihm ins Gesicht: er habe schlecht regiert, und in Zukunft müsse er das Ding besser anfangen. Der König bat sie um einen Waffenstillstand. Die Rebellen aus der Grafschaft Essex bewilligten ihm diese Bitte, und kehrten in ihre Heimath zurück; allein bey den Aufrührern aus der Grafschaft Kent fruchteten seine Vorschläge nicht, weil Wat Hilliard erst einige Präliminarartikel bewilligt haben wollte, die der König ihm unmöglich einräumen konnte. Einer dieser Präliminarartikel bestand in einer Vollmacht, allen Gerichtspersonen die Köpfe abschlagen zu dürfen. Man versicherte,

sicherte, Tyler habe mit der Hand seinen Mund berührt und einen Eid gethan, daß ehe vier Tage verstrichen, in England keine andern Gesetze gelten sollten, als die er selbst gemacht hätte. Sir John Newton, der ihn im Nahmen des Königs zu einer Conferenz mit dem Monarchen einladen mußte, stellte ihm vor, es zieme sich nicht, daß er den König lange warten ließe. Wat-Hilliard gab stolz zur Antwort: „Es bedürfe keiner Eile‚ und er werde kommen, „wenn es ihm gefällig seyn würde.„ Als er vor dem Könige erschien, ritt er ihm so nahe auf den Leib, daß ihre beiden Pferde an einander stießen. — Herr König, redete er ihn an, siehst du alle die Leute dort unten? — Ja, erwiederte der König, aber was meinst du damit? — Ich meine, antwortete Wat-Hilliard, daß alle diese Leute mir zu Gebote stehen, und daß sie geschworen haben, mir bis in den Tod ergeben zu seyn, und alles zu thun was ich ihnen befehlen würde. — Das mögen sie, entgegnete der König. — Nun gut, fuhr Tyler fort, so erkläre ich dir, daß sie nicht eher von dannen weichen sollen, bis du mir die Vollmachten ausgehändiget hast, die sie verlangen. — Richard versicherte ihm, daß er ihre Ausfertigung bereits befohlen habe. Doch das befriedigte den Brauskopf noch nicht; er nahm es übel, daß Sir John Newton der Schwertträger des Königs in seiner Gegenwart zu Pferde sitze; er schalt ihn einen Verräther und wollte ihn mit seinem Dolche durchbohren. Der Esquire

gab

gab ihm zur Antwort: das lügst du in deinen Hals, und entblößte selbst den Dolch. Wat-Hilliard außer sich, daß ihm ein solcher Schimpf in Gegenwart seines Gefolges widerfahre, wollte über Sir Newton herfallen. Richard, dem für das Leben seines Ritters bangte, befahl ihm, vom Pferde zu steigen und seinen Dolch dem Tyler auszuliefern. Er gehorchte, aber der freche Bösewicht verlangte nun auch sein Schwert. Newton antwortete: „Dieß ist das Schwert „des Königs, und du bist nicht werth es anzugrei= „fen; wären wir unter vier Augen, fuhr er fort, „so solltest du dich wohl hüten, es mir abzufordern." — Bey meiner Treue! rief Tyler, ich thue einen Eid, ich will keinen Bissen wieder über den Mund brin= gen, bis ich deinen Kopf habe;" — Er machte sich fertig, den wackern Ritter anzugreifen, aber in dem Augenblick erschien der Lord-Mayor von London, ein Mann voll Tapferkeit und Anhänglichkeit an seinen König; ihn begleiteten eine Menge Ritter und Knap= pen, welche gekommen waren, Richard Beystand zu leisten. „König, redete er den Monarchen an, es würde schimpflich und unerhört seyn, wenn ein so wackerer Rittersmann in Gegenwart seines Fürsten auf eine so nichtswürdige Art sein Leben einbüßen sollte; man muß ihn befreyen, und den Rebellen strafen." Richard, der noch sehr jung war, faßte ein Herz, und befahl dem Lord-Mayor, den Tyler in Verhaft zu nehmen. Der Lord-Mayor, ohne viel Zeit zu verlieren, versetzte dem Rebellen einen so star=

ken Schlag mit der Streitart auf den Kopf, daß er
ohne Besinnung vom Pferde stürzte. Wat-Hilliard's
Anhänger erfüllten bey diesem Anblick die Luft mit
ihrem Geschrey, und schickten sich an, einen Hagel
von Pfeilen auf Richard und seine Reisigen ab-
zudrücken, aber Richard ritt muthig auf sie an,
und rief ihnen zu: „Freunde, was wollt ihr thun?
„wollt ihr eines Bösewichts wegen euern König töd-
„ten? Wählt mich zu euerm Hauptmann und An-
„führer, ich will euch alles bewilligen, was ihr ver-
„langt.„ — Er hielt Wort und verwarf den Rath
seiner Hofleute, die ihm anlagen, daß er eine Anzahl von diesen Aufrührern andern zum Beyspiel hin-
richten lassen möchte. Er schlug auf der Stelle den
Lord-Mayor zum Ritter. Die Königinn Mutter sagte
zu ihm, als er zurück kam: ach lieber Sohn, was
hast du mir heute vor Angst gemacht! — Ich glaube
es wohl, liebe Mutter, erwiederte der König; aber
wir wollen uns freuen und Gott danken, denn ich
habe heute das Königreich England und mein Erbe
von neuem wieder erhalten, das große Gefahr lief,
für uns verloren zu gehen. Zum Gedächtniß dieses
glorreichen Ereignisses für die Stadt London, befahl
er, daß in das rechte Feld ihres Wapenschildes ein
Dolch gesetzt werden sollte. Als man die andern
Häupter dieses Aufruhrs verhörte, gestanden sie ein,
ihre Absicht sey gewesen, den König und seinen ganzen Hof, nebst allen Bischöfen, Geistlichen, Dom-
herrn und Pfarrern umzubringen, und nur die Mönche
der Bettelorden am Leben zu lassen.

VI.

VI.

Gedächtnißfeyer
Arnolds von Winkelried

den 9ten Julius 1786 zu Stanz in
Unterwalden.

Mehr als alle Reden und Schriften wirken große Beyspiele und große Erinnerungen auf jene Seelen, die Egoismus noch nicht verderbt hat; für sie ist ein bloßer Stein mit der Jahrzahl auf der Stelle errichtet, die eine große Begebenheit in den vergangenen Jahrhunderten verherrlichte, beredter als Declamationen; und der Anblick der Oerter, die eine schöne That heiligte, sagt ihnen mehr als Prunk der Worte: daher ließ Pausanias die Gebeine des Leonidas von Thermopile nach Sparta bringen, damit sein Grabmahl unter seinen Mitbürgern ewige Aufforderung zur Tapferkeit und Vaterlandsliebe sey: deswegen ließen bey großen Feyerlichkeiten die Römer vor sich her die Bilder ihrer Vorfahren tragen, die sich durch eine merkwürdige That berühmt gemacht hatten: und darum feyert in jedem Jahrhunderte der Canton Unterwalden den Gedächtniß=Tag des Todes Antons von Winkelried, des Helden, der in sich die Seelen des Codrus, des Scävola und Decius vereinte.

Er stammte aus dem Flecken Stanz in Unterwalden, wo man noch sein Haus zeigt. Winkelried war von adeliger Geburt, und führte den Titel Ritter; seine Tugenden nur, nicht seine Reichthümer, erhoben seinen Adel. Die Tradition schildert uns ihn, wie alle seine Zeitgenossen, bald mit der Wartung seiner Heerden, bald mit dem Pflügen seines Feldes beschäftigt. Von Adel seyn und sich nutzlich beschäftigen war damahls Eins; Arbeit entehrte in diesen Zeiten noch niemand: man schämte sich nicht, seinem Vaterlande und seiner Familie zu nützen, und man würde nur darüber erröthet seyn, wenn man mitten unter den Thätigen in schändlichem Müssiggange hätte schlummern wollen.

Die Umstände von Arnolds That sind zwar ziemlich allgemein berühmt; allein man schildert und lieset sie doch nie ohne Rührung und Antheil von neuem. In der Schlacht bey Sempach gegen den Erzherzog Leopold war der Oesterreichische Adel abgesessen, und hatte einen dichten geharnischten Phalanx mit vorgehaltenen Lanzen geschlossen, durch welchen

chen sich das dreyeckige Bataillon der 1300 Schweizer, die größten Theils nur mit Streitäxten und Schlachtschwertern bewaffnet waren, Breter statt der Schilde führten, und sich Baumrinde statt des Harnisches um die Arme gebunden hatte, keinen Weg bahnen konnte. Vergebens hatte Anton Amport den Rath gegeben, auf die Lanzen zu hauen und sie zu zertrümmern, das hintere Glied der Feinde versorgte das vordere immer wieder mit neuen; vergebens hatten die Tapfersten der kleinen Schar sich an die Spitze des zurück getriebenen Keils gestellt: 60 dieser Kühnen, unter welchen der Schultheiß von Lucern, sein Venner und 4 Landammanne der andern Cantone waren, sanken durchbohrt zu Boden, und schon fing die Helvetische Tapferkeit an, über die Vergeblichkeit so vieler Anstrengungen zu ermüden — — da dachte sich Winkelried den kühnen Gedanken, seinen Streitgenossen den Sieg zu erringen, und führte ihn aus. Zwar wußte er wohl, daß es ihm unausbleiblich das Leben kosten würde, aber das schreckte ihn nicht zurück: denn in seiner großen Seele vermochte die Furcht vor dem Tode die Liebe zum Vaterlande nicht aufzuwiegen. Mit ruhiger Unerschrockenheit stellte er sich an die Spitze des Keils, empfahl seinen Mitbürgern, für die er sich aufopfern wollte, das Andenken seiner That, und die Sorge für sein Weib und seine Kinder, und ermahnte sie, ihm nach- und durch die Lück zu bringen, die er ihnen öffnen würde. Hierauf warf

er

er seine Waffen von sich, umfaßte und richtete gegen sich, so viele Spieße der Feinde, als seine beiden Arme umspannen konnten, und indem er sie mit der ganzen Last seines Körpers niederdrückte und in seinen Leib begrub, drangen seine Streitgenossen über den Sterbenden hin und in die Bresche, die er ihnen geöffnet hatte: von dem Augenblicke erklärte sich der Sieg für die Sache der Freyheit.

Sempach liegt 3 Stunden von Lucern, das Schlachtfeld und die darauf erbaute Capelle aber liegen noch eine halbe Stunde weiter. Ein heiliger Schauer ergriff mich, als ich die Stätte betrat, wo der Kampf für Freyheit und Vaterland, so wie der Kampf der Tapferkeit, gefochten wurde, und das Blut von zwey Deutschen Fürsten und 1300 wackern Rittern aus den edelsten Geschlechtern Deutschlands durch die Hände von kaum so vielen Schweizern floß. Um die Capelle stehen drey steinerne Kreuze an den Stellen, wo die heftigsten Angriffe geschahen. Die Capelle selbst ist inwendig mit den Wapen der Erschlagenen von Adel, mit den Abbildungen der 18 eroberten Paniere, mit einem Gemählde des Schlachtgemenges selbst und mit andern Bildern und Inschriften geziert. Der Altar steht an der Stelle, wo man Leopolds Leichnam fand. Das Gemählde des unglücklichen, mannhaften *) Fürsten wird in der

---

*) Wohl war er mannhaft und tapfer, der wackere, edle Fürst, wohl verdiente er ein besseres

der Sacristey aufbewahrt; ein feines, etwas schwermüthiges Gesicht, das viele Festigkeit verräth, die beynahe an Eigensinn zu grenzen scheint. Ueber dem Eingange lieset man das Nahmenverzeichniß der Schweizer, die hier im Gefechte ihr Leben endigten, 201 an der Zahl. Der Nahme ihres tapfern Hauptmanns, Junkers Petermann von Gundoldingen, Schultheissens zu Lucern, dessen Leichnam nicht weit von Leopolds Leichnam gefunden wurde, führt den Reihen. Unter seinem Bildnisse, Leopolds Bildnisse gegen über, lieset man eine Lobschrift in Versen, die mit der trefflichen Zeile schließt:

Vor Sempach ist er ehrlich gestorben.

Bey Herzog Leopolds Bilde lieset man:

Leopold, Herzog von Oesterreich, des Nähmens der Andere, ist auf diesem Erdenreiche in offenem Feldstreite umkommen und erschlagen; das hat er seinem Adel zu klagen.

Arnolds von Winkelried Bild hält in den Armen die 8 umspannten Spiesse, und hat folgende Umschrift:

Arnold von Winkelried zertrennt des Adels Ordnung, und macht den Seinen eine Gasse.

besseres Schicksal Als er aus der Hand des sterbenden Panner=Trägers Oesterreichs Panier empfing und es, blutroth, hoch über die Scharen schwang, da drangen viele um ihn und lagen ihm für sein Leben an. Er aber sprach entschlossen: So mancher Graf und Herr ist für mich geblieben; ich will lieber ehrlich sterben, und nicht schändlich leben! — Man lese das Meisterstück des Hrn. Geh. Staatsraths v. Müller Geschichte der Schweizer Band I. S. 424 nach.

Wahrscheinlich haben Winkelrieds tapfere Zeitgenossen heilig seine letzten Bitten erfüllt, und für seine Witwe und Waisen gesorgt; dieses läßt sich um so sicherer glauben, da man noch jetzt, 400 Jahre nach seinem Tode, in seinem Vaterlande sein Gedächtniß durch ein eigenes Fest ehrt. Ich will hier eine kurze Beschreibung der letztern hundertjährigen Gedächtniß-Feyer geben, die gewiß allen Freunden wahrer Freyheit, wahrer Vaterlandsliebe und wahrer Tapferkeit willkommen seyn wird.

Auf dem öffentlichen Platze zu Stanz ist eine steinerne, ziemlich plumpe Bildsäule, die zum Fußgestelle eine Säule hat, aus welcher in Röhren ein schöner Brunnen seine hellen Fluthen strömt: das einzige öffentliche Denkmahl, welches an Winkelried erinnert. Am 9ten Julius 1786, als an dem vierten Jubel-Feste der Sempacher Schlacht, wurde über dieser Bildsäule ein doppelter Triumphbogen errichtet, und mit weissen und rothen Fähnlein, als den Farben des Cantons, geschmückt; einige lateinische Inschriften waren hie und da angebracht, z. E. Dulce et decorum est, pro patria mori.

Um 8 Uhr des Morgens erschienen unter dem Vortritt eines Herolds in der Staats-Livree, mit dem Schlachtschwerte, dem Wehrgehänge und der alten Hellebarte, die 12 Pannerherren dieses Tages, 6 erwachsene Männer und 6 Jünglinge, sämmtlich in alter Schweizer-Tracht. Die ersten waren ganz schwarz

schwarz gekleidet, und hatten goldene Ketten um den Hals hängen; die Jünglinge hingegen waren weiß und roth gekleidet. So zogen sie paarweise auf das Rathhaus, um daselbst die 12 Paniere abzuhohlen, wovon die 6 ersten, welche die Paniere des Cantons waren, den ältern Pannerherren, die 6 übrigen hingegen, welche der Canton in der Schlacht bey Sempach erobert hatte, den 6 Jünglingen anvertraut wurden. Die Miliz von Stanz und den umliegenden Dörfern, 400 Mann stark, lauter schöne und wohl gerüstete Mannschaft, stellte sich vor dem Zeughause, zog dann vor das Rathhaus, salutirte die Pannerherren mit einigen Salven, begleitete sie bis zur Kirche, und gab vor der Kirche eine General-salve. Die Pannerherren gingen in die Kirche, und pflanzten ihre Paniere vor dem großen Altar, als wollten sie diese Vaterlands-Fahnen dem Schutze des Himmels empfehlen, und hingegen ihm die erbeuteten feindlichen zum Opfer darbringen. Man hielt die große Messe unter Begleitung einer kriegerischen Musik. Nach der Messe zog der ganze Haufen aus der Kirche; die Fahnen des Cantons blieben allein vor dem Altar unter dem Schutze des Vaters des Vaterlandes zurück; die zu Sempach erbeuteten Paniere hingegen wurden zu Arnolds Bildsäule gebracht, um seinen Triumph zu schmücken und Zeugen von der Ehre zu seyn, die dem Helden widerfuhre, welcher sie mit seinem Blute erkauft hatte. So schmückten vor Zeiten zu Rom die Bilder der eroberten

Städte und der besiegten Völker das Gefolge der triumphirenden Feldherren.

Während die obrigkeitlichen Personen, die Pannerherren und Soldaten öffentlich zusammen speisten, blieben die gefangenen Paniere zu beiden Seiten von Arnolds Bildsäule aufgehangen, neigten traurig ihre Spitzen, und überließen dem Spiele des Windes ihre alten Ueberreste, die noch mit den Merkmahlen der harten Streiche der Schweizerischen Hellebarten bezeichnet waren. Um 2 Uhr des Nachmittags trat man wieder unter das Gewehr, lösete die Schildwachen ab, und kehrte nach der Kirche zurück, um eine Predigt anzuhören, welche der Herr Capellan Zelger über folgenden Text aus dem Buche der Richter hielt: Du thust so übel an mir, daß du wider mich streitest, der Herr fälle heute ein Urtheil zwischen mir und dir. Er verglich in seinem Eingange die Unterdrückung der Schweizer durch Leopold mit der Unterdrückung der Kinder Israel durch die Ammoniten unter Jephtha, und zeigte, daß es auf beiden Seiten nicht Aufruhr, sondern nur nothgedrungene Wertheidigung ihrer Rechte gegen gewaltsame Angriffe gewesen sey Hierauf handelte er von der Rechtmäßigkeit, den Umständen und Vortheilen dieses Krieges; er zeichnete mit kurzen, aber edeln und wahren Zügen das Gemählde der Revolution, welche der Schweiz ihre Freyheit zusicherte, und schloß mit trefflichen Ermahnungen,
wie

wie ein freyes Volk einen würdigen Gebrauch von seiner Freyheit machen solle. „Vergesset nie, lieben Landsleute! sagte er, vergesset nie, daß Religion, Tugend und Rechtschaffenheit allein der Ruhm unserer Väter waren, und auch der Ruhm ihrer Kinder seyn müssen. Macht keinen andern Gebrauch von eurer Freyheit, als den, welchen man in alten Zeiten davon machte, und hütet euch sonderlich, sie in Zucht= und Zügellosigkeit ausarten zu lassen, und nach den Grundsätzen zu handeln, welche in diesem Jahrhunderte so gemein und sonderlich so gefährlich für eine unbesonnene Jugend geworden sind, die in dem Wahn steht, daß Ungestüm die Stelle von Erfahrung vertrete. Stimmet aus dem Grunde eures Herzens Dank und Lob zu Gott an, daß er an diesem Tage vor 400 Jahren, wie durch ein Wunder, euer Vaterland und eure Vorfahren beschirmte und erhielt. Segnet auch das Andenken eures Mitbürgers, Antons von Winkelried, das ewig euch verehrungswürdig bleiben muß, dieses Märtyrers der Freyheit, dessen Andenken auf alle Geschlechter sich fortpflanzen wird. Seine Klugheit, seine Tapferkeit und sein heroischer Tod waren es, wie ihr wißt, die nächst Gott euren Vorfahren den Sieg bey Sempach errangen. Segnet, sage ich, sein Andenken, und fügt zu unserm Gebete um Frieden auch das Gebet um Unabhängigkeit und Glückseligkeit des lieben allgemeinen Vaterlandes. —„

Nach dieser Rede, die so angemessen den Umständen und so geschickt war, die Seelen aller Anwesenden zu erheben, stimmte man ein feyerliches Te Deum an, und segnete die ganze Versammlung durch Erhebung des heiligen Sacraments. Die Pannerherren nahmen die Fahnen wieder auf; man marschirte nach dem öffentlichen Platz, schloß ein Bataillon quarré um Arnolds Bildsäule, und endigte das Fest durch wiederhohlte Abfeurungen des kleinen Gewehrs.

Eine ungeheure Menge Volks war nicht allein aus den Thälern von Unterwalden, sondern auch aus den benachbarten Cantonen herbey geströmt, und nahm Theil an den süßen Rührungen, welche dieses Fest bey allen Kindern der Freyheit erregen mußte. Jeder Staatsbürger erzählte mit Vergnügen seinen Söhnen die Veranlassung dieses Festes, um in ihre junge Seelen den Samen der Vaterlandsliebe auszustreuen, den man nicht früh genug keimen lassen kann. Zwar schmückte dieses Fest nicht der Prunk und die Herrlichkeit, welche in dem schönen Zeitalter Roms die Triumphe im Capitol erhöhetes aber in den Augen, und sonderlich in dem Herzen des einfachen Bewohners der kleinen Cantone, der so stolz auf sein Vaterland, so eifrig für seine Unabhängigkeit und so sehr geschaffen ist, den Nahmen und die Rechte eines freyen Mannes zu führen und zu behaupten, war es ohne Zweifel das größte und schönste Schauspiel.

Der

Der General-Procurator Würsch zu Burche, ein eifriger und geschickter Staatsbürger, der sich eben so sehr durch seine Kehntnisse als durch seinen Patriotismus auszeichnet, hatte die Veranstaltungen zu diesem Feste getroffen. Er hätte es vielleicht mehr mit Prunk überladen können, aber er maß es weislich nach der ländlichen Einfalt derer ab, für die es bestimmt war. — Obgleich die meisten Soldaten, die dazu commandirt worden waren, keine reguläre Dienste thun; so bewiesen sie doch durch ihren guten Anstand und ihre Disciplin, daß die Alpen-Hirten sich eben so gut zum Kriegsdienst als zum Hirtenleben schicken, und wer ihren Character ergründet hat, weiß, daß wenn sich in Helvetien die Begebenheiten der vergangenen Zeiten wieder ereignen sollten, Arnold von Winkelried unter seinen Mitbürgern nicht ohne Nachfolger bleiben würde.

VII.

VII.

Züge und Bruchstücke

aus der

Geschichte älterer und neuerer Revolutionen.

Olivier Cromwell, als er noch nicht drey Jahre alt war, kaufte von einem Bilderhändler einige Bilder, worunter sich auch das Bildniß des kleinen Prinzen Carl, des Sohnes von Jacob I. befand, der ihm unter dem Nahmen Carl I. auf dem Throne folgte. Der kleine Cromwell suchte dieses Bild aus den fünf oder sechs übrigen heraus, und warf es ins Feuer. Man merkte seitdem, daß er mit allen Porträten dieses Prinzen eben so verfuhr, und erinnerte sich dieses Umstandes in der Folge bey dem Haß, den er gegen Carl I. blicken ließ, welchen er vom Throne stieß. Cromwell kam auf seinen Reisen nach Frankreich, und wurde dem Cardinal von Richelieu durch den Englischen Gesandten mit den Worten vorgestellt: Euere Eminenz sehen hier einen unserer geschicktesten Englischen Edelleute vor sich.

Der

Der Cardinal reichte dem Cromwell die Hand zum Kuß, sah ihn steif an, und antwortete: Er gefällt mir sehr, und wenn seine Physiognomie mich nicht täuscht, so wird er einst ein großer Mann werden. Cromwell beantwortete dieses Compliment in Lateinischer Sprache mit seiner gewöhnlichen Bescheidenheit, und betheuerte, wie glücklich und geehrt er sich in diesem Augenblick fühle, mit dem größten Prälaten und größten Minister von Europa zu sprechen. Cromwell's Lieblingspromenade zu Paris war der Wald bey Vincennes. Als er einsmahls daselbst mit seinem Freund Cutler spazieren ging, zeigte ihm dieser das Schloß Vincennes und setzte hinzu, daß es oft Prinzen zum Staatsgefängniß gedienet habe. Cromwell erwiederte: man muß Prinzen nie anders, als beym Kopfe fassen, eine Maxime, der er treu blieb, als er den unglücklichen Carl enthaupten ließ.

Als Cromwell in der Schlacht bey York durch einen Pistolenschuß verwundet worden war, und ihn das nöthigte, sich zu entfernen, um sich verbinden zu lassen, wurden die Soldaten durch seine Abwesenheit kleinmüthig, und wichen vor den Königlichgesinnten. Kaum erfuhr es Cromwell, als er zu Pferde stieg, ohne noch verbunden zu seyn, und dem Wundarzt, der deßwegen in ihn drang, zur Antwort gab: Wozu hilft mir der Arm, wenn das Parlament die Schlacht verliert? Wirklich bewirkte er auch durch seine Tapferkeit und Gegenwart, daß der Sieg sich wieder für seine Partey erklärte.

Als

Als von den 630 Personen, welche die beiden Kammern des Parlaments von England ausmachten, nur 154 zurück blieben, und die übrigen wegen schlechter Begegnung Cromwells und des ihm ergebenen Heeres die Flucht ergriffen, bestand der Ueberrest dieser würdigen Versammlung, wie der größte Theil der jetzigen Französischen Nationalversammlung, aus lauter bestochenen oder verschuldeten Leuten, die im Trüben zu fischen suchten, und sich den Titel, das Haus der Gemeinen, beylegten, ungefähr so, wie zu Paris die Glieder des dritten Standes sich selbst zur Nationalversammlung umschufen. Vor diesem Hause der Gemeinen, das Cromwell durch 150 Officier verstärken ließ, wurde Carl I. verhört, und der Präsident führte gegen ihn dieselbe Sprache, welche jetzt in allen Volksschriften geführt wird. Nähmlich, daß der König bloß als der erste Beamte des Englischen Volks anzusehen sey, von dem er seine Krone empfangen habe. Der König lächelte bey diesen Worten, und antwortete: daß der Präsident doch wohl wissen müßte, daß ein Reich, welches seit 1000 Jahren ein Erbreich gewesen wäre, kein Wahlreich genennt würde, und daß das Parlament jetzt gegen ihn bloß das Recht ausübe, welches Straßenräuber an den Unglücklichen handhaben, die ihnen in die Hände fallen, das Recht des Stärkern. — Der unglückliche Prinz ahndete in diesem Augenblick nicht, daß 143 Jahr nach ihm ein König von Frankreich in den Fall kommen würde, fast eben diese Antwort geben zu müssen. Unter

Unter den Verschwörungen, die gegen Cromwell's Leben angesponnen wurden, zeichnen sich zwey aus. Ein Quaker, Nahmens Robert Syndercomb faßte den Vorsatz, sein Vaterland von Cromwell's Tyranney zu befreyen. Er machte gemeinschaftliche Sache mit einem Arzt, Nahmens Maudin, aber ihre Verschwörung wurde entdeckt und man bemächtigte sich ihrer. Syndercomb nahm Gift; sein Leichnahm wurde gehangen und geviertheilt, der Arzt starb ebenfalls mit sechs seiner Mitverschwornen am Galgen. Einer der letztern hielt folgende Rede vom Blutgerüste: „Gentlemen, Soldaten und Freunde, ich prophezeye Euch, daß eine Zeit kommen wird, wo Ihr einsehen werdet, wie sehr man Euch betrogen, mißbraucht und verblendet hat, und wie gefährlich und nachtheilig jede Empörung ist, weil unter hunderten kaum Eine gelingt."

Lucretia Creinwill, die Tochter eines Edelmannes dieses Nahmens, hatte eine Liebschaft mit Franz, Herzog von Buckingham, welcher die schönste Mannsperson von England war; Cromwell tödtete ihn mit eigener Hand in der Schlacht bey St. Needs. Als Miß Creinwill den Tod ihres Geliebten erfuhr, sann sie Tag und Nacht auf Rache. Drey Jahre lang übte sie sich jeden Tag einige Mahl mit der Pistole nach Cromwell's Bild zu schießen, um treffen zu lernen, und um sich an das Original zu gewöhnen, damit sie nicht bestürzt werde, wenn sie es vor sich erblicken würde. Schon einige Mahl hatte sie Gelegenheit gesucht, ihre Rache zu befriedigen, aber Cromwell erschien so selten und immer mit so vieler Vorsicht im Publicum, daß es unmöglich war, einen Versuch zu wagen. Cromwell's feyerlicher Einzug in London, bey einem Gastmahle, das diese Stadt dem neuen Protector gab, schien ihr endlich die günstigste Gelegenheit zur Ausführung ihres Anschlags zu seyn. Es fügte sich durch ein Ungefähr, daß das Haus, welches sie bewohnte, im ersten Stock einen Balcon hatte, unter welchem der Zug vorbey mußte. Sie befand sich auf diesem Balcon mit vielen prächtig gekleideten Damen; sie selbst hatte sich auf das schönste geputzt, was sie seit dem Tode ihres Liebhabers noch nie wieder gethan hatte; aber ungeachtet ihres Putzes bemerkte man doch ein unruhiges und ängstliches Wesen an ihr, dessen Veranlassung bald kein Räthsel mehr blieb. Denn als Cromwell unter dem Balcon vorbey ritt, auf welchem sie stand, zog sie ein Pistol hervor, und schoß es auf den Protector ab, der nur vier oder fünf Schritte von ihr entfernt war. Eine Dame, die neben ihr stand, stieß sie vor Schrecken in dem Augenblick, wo sie losdrückte, so daß die Kugel dicht an Cromwell vorbey fuhr, und das Pferd seines Sohnes Heinrich verwundete. Cromwell und der ganze Zug machten Halt, und erschrocken über die kühne That, heftete er die Augen auf den Ort, wo der Schuß hergekommen war. Hier erblickte er viele Damen auf den Knien,

die

die um Gnade und Barmherzigkeit fleheten, und mitten unter ihnen eine, die nicht, wie die andern, kniete und flehte, sondern mit der Pistole in der Hand stolz da stand, und mit lauter und drohender Stimme ihm zurief: „Ich bin es, Tyrann, die auf „Dich geschossen hat, und ich würde untröstlich seyn, „Tiger! nur ein Pferd, statt Deiner, verwundet zu „haben, wenn ich nicht überzeugt wäre, daß, ehe „noch ein Jahr verstreicht, einer andern Hand es „besser glücken wird, als der meinigen!„ — Der Pöbel wollte das Haus anfallen und in Brand stecken; aber Cromwell mit einer Gelassenheit und Ruhe, die nicht der Zustand seines Herzens war, rief spöttisch: Laßt's gut seyn, Freunde, sie ist verrückt. Er setzte seinen Einzug fort, und begnügte sich, die Miß in ein Irrenhaus einsperren zu lassen.

Cromwell lebte in beständiger Furcht für sein Leben, und sein Beyspiel ist Beweis, wie elend der Zustand der Tyrannen sey, und wie sehr sie das Bewußtseyn ihrer Uebelthaten peinige. Die zahlreiche Wache, welche für die Sicherheit seiner Person wachte, vermochte nicht, ihn zu beruhigen. Er ließ funfzehn Zimmer bauen, in jedem befand sich ein Bett und Alles, was er für sich und seine Gemahlinn benöthigt war; niemand wußte, in welchem Zimmer er die Nacht schlafen würde. Wenn er sich zu Bette legen wollte, so nahm er seine Gemahlinn bey der Hand, begab sich mit ihr in eines von diesen

Zimmern, von da in ein anderes u. f. w., schloß die Thüre selbst hinter sich zu, und legte den Schlüssel unter die Kopfkissen. Die Thüren und Fenster dieser Zimmer waren sehr stark. Vor jeder Thüre standen vier Schildwachen, die sich alle zwey Stunden ablöseten, und unter dem Commando dreyer Hauptleute standen, von denen jeder zwey Stunden die Wache hatte, und während dieser Zeit beständig Runde vor allen diesen Zimmern gehen mußte. Weder die Officier noch die Soldaten wußten, in welchem Zimmer Cromwell sey; denn er selbst gab den Befehl an einen von den wachhabenden Hauptleuten, bezeichnete ihm die Stunde, wenn er die Schildwachen ausgestellt haben wollte, legte sich aber immer eine halbe Stunde zuvor zu Bette. Zwey Musquetons lagen in jedem Zimmer auf dem Tische, und zwey Pistolen unter seinem Kopfkissen; seinem Mundkoch hatte er allen Umgang mit andern Personen verboten. Er aß weder Suppe noch Ragout, sondern bloß Geflügel und andres gebratnes oder gekochtes Fleisch; er hatte gelernt, sich selbst zu rasieren, und litt kein Scheermesser eines Barbiers an seinem Bart. Als ihm sein Arzt eine Aderlaß und eine Arzney verordnete, ließ er sich die Arzney von seiner Gemahlinn zubereiten, und um ihn Ader zu lassen, einen Barbier von einem entfernten Dorfe kommen, der diese Ehre gar nicht vermuthete. Jedes von den Zimmern, die er sich zu seiner Sicherheit hatte bauen lassen, war mit einer Fallthüre und

heimlichen

heimlichen Treppe versehen, welche zu einem Pförtchen führte, dessen Ausgang auf die Themse ging; er konnte sich also im Nothfall auf diese Art retten und auf der Themse einschiffen, wo beständig einige Barken zu dem Behuf in Bereitschaft lagen.

Cromwell starb in seinem Bette den 3ten September 1658. Pascal stellt bey Gelegenheit seines Todes folgende Betrachtungen an. Cromwell, sagte er, wollte die ganze Christenheit in Feuer und Flammen setzen; die königliche Familie war auf ewig gestürzt, die seinige auf ewig auf den höchsten Gipfel des Glanzes und der Macht erhoben; hätte nicht ein kleines Sandkörnchen seinen Platz in seinem Harngang eingenommen. Dieses Sandkörnchen, das an jedem andern Orte so unbedeutend war, wirkte hier den Tod des mächtigsten Privatmannes seiner Zeit, demüthigte seine Familie, und setzte den König wieder auf seinen Thron.„

Richard, Cromwell's Sohn, folgte seinem Vater in der Protectorwürde; aber auf ihm ruhte nicht sein kühner Geist und sein Glück, und er mußte Könige Carl II. weichen. Richard hatte einen großen Hund, der ihm sonst sehr ergeben gewesen war; aber als Richard unterlag, verließ er seinen Herrn und folgte seinem Besieger, Carl II. — — Dieses Beyspiel von Untreue gegen seinen alten Herrn und Wohlthäter ist in der Geschichte der Hunde einzig;

aber

aber in der Geschichte der Politik der Menschen, alltäglich.

Eine jährliche Abgabe, welche die Familie Trawersch von Ortenstein seit zwey Jahrhunderten an eine Kirche im Graubünder Thal Domleschg erlegen muß, hat einen zu ausgezeichneten Ursprung, als daß man nicht ihr Andenken zu erhalten suchen sollte. In den fehdeschwangern anarchischen Auftritten, welche bey den Graubündern den Anfang des 16ten Jahrhunderts füllten, wurde Pompejus Planta von der herrschenden Parley beschuldigt, das Beste des Vaterlandes und der reformirten Gemeinde an die Spanier verrathen zu haben, und vor das Strafgericht zu Tusis gefordert. Vielleicht war es Furcht, eingenommenen Richtern sich in die Hände zu liefern, oder aber Bewußtseyn seiner Schuld; genug, er weigerte sich zu erscheinen, und wurde als ein Verräther in die Acht erklärt. Georg Jenats, sein Todfeind, ein abgesetzter Geistlicher und damahls Feldoberster im Dienst seiner Republik, beschloß, das Urtheil selbst an ihm zu vollziehen. Er versammelte einige entschloßne Männer, zog bey Nacht durch ein Lager von 3000 Catholiken, und langte des Morgens vor dem Schlosse Rietberg unweit Fürstenau an, wo Planta sich in voller Sicherheit wähnte. Jenats erbrach die Thüren, und traf den Planta mit bloßem Schwert in der Küche an. Er bemächtigte

tigte sich seiner, schleppte ihn in ein anstoßendes Zimmer, warf ihn zu Boden, und hieb ihm den Kopf mit einem Beil, und einem so starken Streich ab, daß man noch davon das Merkmahl auf dem Fußboden zeigt. Planta's Tochter Lucretia, die nach dem tragischen Tode ihres Vaters den Baron Trawersch von Ortenstein hirathete, war damahls sehr jung, that aber feyerlich das Gelübde, diesen Mord zu rächen. Viele Jahre vergingen, bevor ihre Rachsucht, die nichts hatte schwächen können, eine günstige Gelegenheit fand. Endlich, in einer Nacht, wo Jenats sich auf einem Ball zu Chur befand, ließ sie ihn unter einem Vorwande heraus rufen, und in dem Augenblick, wo er den Fuß auf die Gasse setzte, erschlug sie ihn mit demselben Beil, das er mit dem Blut ihres Vaters gefärbt hatte. Zur Büßung für ihre That, stiftete Lucretia auf ewige Zeiten eine jährliche Pfründe von 300 Gulden zum Unterhalt der Kirche und der Armen des Ortes, wo ihr Vater getödtet worden war. Man zeigt dem Reisenden noch im Schlosse Ortenstein das Beil welches das Werkzeug dieses doppelten Mordes war, und das man zum Andenken dieses Vorfalls aufhebt.

———

Franz Coppola, ein Neapolitanischer Edelmann gelangte unter Franz I. zu den ersten Ehrenstellen des Staats, und erregte durch seinen Reichthum und

Ansehen den Neid verschiedener Großen, und sonderlich des Prinzen von Calabrien, die seinen Sturz beschlossen, und ihn fälschlich beschuldigten, den Umsturz des Staats heimlich beschlossen, und eine gefährliche Verschwörung gegen den König und sein Reich angezettelt zu haben. Man bemächtigte sich seiner durch List, und nachdem man ihn sechs Monathe im Gefängniß behalten hatte, um erst Erkundigungen von allen seinen Schätzen und den Oertern einzuziehen, wo er sie verborgen hätte, so wurde endlich der 15. May 1487 zum Tag seiner Hinrichtung bestimmt. Der unglückliche Graf erschien auf dem Blutgerüste mit einem Gebetbuche in der Hand und einer Kette um den Hals, und sagte zu denen, die ihn trösten wollten; er würde zufrieden sterben, wenn er nur den Trost haben könnte, noch zum letzten Mahl seine Kinder zu sehen. Wenige Augenblicke darauf wurden sie ihm gebracht, und so bald sie dieser zärtliche und unglückliche Vater gewahr wurde, stand er, wiewohl mit Mühe, auf, streckte die Arme nach ihnen aus, und sank in Ohnmacht. „In Wahrheit, sagt ein alter Schriftsteller, es war ein bejammernswürdiges Schauspiel, den Vater und seine Kinder sich an einem solchen Orte so brünstig umarmen zu sehen; der Bruder küßte den Bruder; ihre Gesichter waren mit Thränen überschwemmt, denn alle glaubten, daß sie mit ihrem Vater hingerichtet werden sollten. Als der Graf sich etwas gefaßt hatte, sich wieder stark genug fühlte,

fühlte und die Sprache wieder bekommen hatte, hielt er folgende Rede an sie, die um so rührender war und um so mehr Glauben verdiente, weil an den Pforten der Ewigkeit alle Verstellung aufhört.

„Kinder, redete er sie an, ich habe nicht ohne Ursache Euch zu sprechen verlangt, bevor ich dieses elende Leben endige, denn es ist billig, daß ich, der ich Euch das Daseyn gab, die wenigen mir noch übrigen Augenblicke anwende, Euch in der Art und Weise zu unterrichten, wie Ihr Euch in dieser Welt zu Euerm Wohl zu betragen habt. Niemand sage, wenn mein Wandel recht und gut war, so sey mein Tod jetzt ungerecht, denn ich bin nicht der einzige, der ein schlechtes Ende genommen hat, ungeachtet er sich weise und klug betrug. Das Glück, welches über die meisten Handlungen der Menschen herrscht, wollte diesem Reich und dem königlichen Hause einen harten Streich beybringen und stürzte mich, der ich durch menschliche Klugheit den Schlüssen des Himmels zu widerstreben suchte. Aber ich will nicht gegen Gott murren, daß er mich alten Mann diesem fürchterlichen Sturme preis gab; nur das macht mich traurig, lieben Kinder, daß ich Euch so jung, so unbekannt mit dem Gange der Welt und doch schon erwachsen genug zurücklassen muß, um eures ehemahligen Wohlstandes eingedenk zu seyn. Wenn ihr meinem Beyspiel folgt, so wird diese Erinnerung euch nicht unglücklicher machen; und ihr müßt ihm

folgen

folget diesem Beyspiel, denn es ist nicht bloß die Pflicht eines guten Sohnes, den Tod seines Vaters zu beklagen, sondern es ist auch Pflicht, seinen Willen zu thun. Ich glaube, man wird Euch schon gesagt haben, und Ihr selbst habt es schon oft aus meinem Munde gehört, daß ich von Geburt nicht reich, noch begütert war, sondern mich in meinen jungen Jahren, um Reichthum zu erwerben, im Seehandel versuchte, und darin einen solchen Ruf errang, daß der König mich zu sich berief, und mich zu einer der höchsten Hofwürden erhob. Aber von der Sucht, mein Glück zu machen, und vom Ehrgeiz geblendet, wollte ich lieber mein Glück mit Gefahr übereilen, als langsam und sicher meinen Weg fortgehen, so daß andere nun meinen, was ich gewonnen, das gehöre dem Könige, und nur was ich verloren, das gehöre mir. Ich sage Euch dieß, meine Kinder, damit Ihr wißt, wer ich war, und einsehen lernt, daß nur die Schätze, welche durch Fleiß und Arbeit erworben werden, dauerhaft und bleibend sind. Sollte der König aus Freundschaft, aus Mitleiden, oder wegen Eurer Verdienste Euch wieder auf den Gipfel der Größe erheben, wo ich Euch zu lassen glaubte; so erinnert Euch stets, was Ihr besitzet, sey nicht Euer, und sey denselben Gefahren ausgesetzt, als das, was ich besaß. Handelt daher so, lieben Kinder, daß Ihr nur von der Tugend abhängig werdet; und seyd überzeugt, daß das Wenige, was Ihr durch sie erwerbt, Euch mehr frommen werde, als

alles,

alles, was Ihr durch die Freygebigkeit eines Dritten erhaltet; Tugend verläßt die nie, welche ihren Gesetzen treu sind, und sie trägt reichliche Früchte der Belohnung: Es wird für euch immer ehrenvoller, und Ihr werdet dem Neide weniger ausgesetzt seyn, wenn Ihr Ehre und Gunst ungesucht von andern erhaltet, als wenn Ihr solchen nachjagt. Laßt den heutigen traurigen Tag für euch eine Bahn zur Großmuth und Tugend, nicht aber zur Verzweiflung, viel weniger zum Bösen werden. Laßt ihn Euch einen Sporn seyn, mit Recht wieder zu erwerben was man Euch mit Unrecht heute raubte. Laßt Gottesfurcht und nicht Menschenfurcht Euch in euren Widerwärtigkeiten nicht allein, sondern auch in glücklichen Zeiten unterstützen; und damit Ihr Euch desto besser dieß Alles einprägen möget, so empfange du Marcus diese Kette von mir, statt der großen Herrschaft, die du von mir erwartest; und du Philipp, der du für die höchsten Prälaturen bestimmt warst, nimm dieses Gebetbuch hin; zwar ist beides wenig, in Vergleichung mit dem, was ich für Euch in der Welt gearbeitet habe, und was ich hoffen durfte, für Eure Beförderung thun zu können, aber es ist immer noch genug für den Mann, der den Nachrichter an seiner Seite sieht, und selbst mehr als zu viel in Rücksicht auf den elenden Zustand, in welchen Ihr nach meinem Tod versetzt werden könntet. Nehmt Euch daher, lieben Kinder, fest vor, standhaft und durch Freundschaft vereint zu bleiben, und

Gott

Gott durch Gebet und gute Werke zu dienen; nie laſſe es dir einfallen, du Marcus, die Güter zu erwerben, die du heute verlierſt, noch du Philipp, zu den geiſtlichen Würden zu gelangen, zu welchen du beſtimmt wareſt."

Als der Graf ausgeredet hatte, umarmte er ſeine Kinder zärtlich, gab ihnen ſeinen Segen, und ſank unter dem Schwert des Nachrichters.

———

Es wäre zu wünſchen, daß jedes Volk, welches man zur Anarchie und Zerrüttung aller bürgerlichen Ordnung aufhetzen wollte, ſeinen Verführern eine eben ſo drollige und heilſame Lehre gäbe, als im Jahr 1791 das Volk zu Mancheſter den Propagandiſten der Franzöſiſchen Revolutions-Lehre gab. Die Deutſchen Zeitungen haben auf Treue und Glauben der Franzöſiſchen Blätter die Anhänger der Franzöſiſchen Revolution in Großbritannien als ſehr beträchtlich geſchildert. Sie würden beſſer gethan haben, wenn ſie aus den Engliſchen öffentlichen Zeitungen die Specifirung aller Perſonen aufgenommen hätten, welche in England, Schottland und Irland durch feyerliche Begehung des 14ten Julius ihre Theilnahme an jenem Umſturz eines großen Reichs an den Tag legten; ſie würden dann gefunden haben, daß ihre Anzahl ſich kaum auf 5000

bey

bey einer Volksmenge von 12 Millionen belief. 60 dieser Herren wollten auch zu Manchester diesen Tag durch einen großen Schmaus feyern. Kaum hatten diese Revolutionärs sich zu Tische gesetzt, als sich eine zahlreiche Deputation von eifrigen Verehrern der edlen Constitution von Alt-England einfand. Nachdem sie den Herren ihren Antheil an der frohen Laune bezeugt hatte, in welcher sie solche anträfe, ersuchte sie selbige, zuvörderst auf die Gesundheit des Königs von England, dann auf die Erhaltung der Britischen Constitution und zuletzt auf das Wohl des Königs von Frankreich zu trinken. Als dieses pünctlich befolgt worden war, bat sie die Gäste, sich unverzüglich zu entfernen. Hierauf nahm die Volks-Deputation ihren Platz ein, und verzehrte auf das Wohl aller treuen Engländer die Leckereyen, womit die Tafel reichlich besetzt war.

Den Pendant zu dieser Geschichte (die in den Annalen der Propaganda vermuthlich mit unter der Rubrik der verunglückten Anschläge im Pays de Vaud und in Sachsen eingetragen seyn wird) kann folgende Anecdote geben, bey welcher zwey berühmte Coryphäen der Revolution, Herr Bazyre und Mamsell Theroigne de Merycourt, die Hauptrollen spielten. Herr Bazyre ist Mitglied der jetzigen Legislatur, wo er sich durch seine heftige Meinungen und den originellen Unsinn seiner Behauptungen eben so sehr auszeichnet, als er sich schon vorher durch seine aufrührerischen

rührerischen Missive an die Einwohner von Lausanne und an den Landvogt, Baron von Erlach, characterisirt hatte. Mamsell Theroigne glänzte als Hauptheldinn in der berufenen October-Nacht zu Versailles; ihr patriotischer Eifer in Aufklärung fremder Nationen verleitete sie zu einem Kreuzzuge nach den Oesterreichischen Niederlanden, wo ihre Bemühungen durch einen Aufenthalt von einigen Wochen auf der Festung Kufstein in Tyrol belohnt wurden. Als sie nach ihrer Loslassung nach Paris kam, und wieder zum ersten Mahl im Jacobiner-Club erschien, überhäufte man sie mit Complimenten, und einer der Redner setzte hinzu, daß seit ihren Thaten der Satz, daß Weiber auch große Seelen hätten, von nun an keinem weitern Zweifel unterworfen sey. Jetzt ist sie beschäftigt, ein Regiment ihres Geschlechts auf dem Champ de Mars in allen kriegerischen Uebungen zu unterrichten, nachdem die Nationalversammlung diesen neuen Amazonen auf ihre Bitte Piquen, Dolche und Pistolen zu ihrer Rüstung bewilligt, und David, der bekannte Künstler, die Zeichnung zu dem Costume geliefert hat. Nach dieser kleinen Ausschweifung, die zur Kenntniß der beiden Acteurs nöthig war, kommen wir auf die Anecdote selbst.

Sie befanden sich beide auf dem Caffeehause Herculanum im Palais Royal, und hatten sich in politische Gespräche vertieft, die größten Theils das
einstim-

einstimmige Lob des Clubs der Jacobiner betrafen. Ein Quartiermeister, der im Caffeehause sich unter den Gästen befand, bat die Musicanten, die Arie zu spielen: o Richard! o mein Herr! die Welt hat dich verlassen. Diese Worte waren ein Donnerschlag für den Herrn Bazyre. Durch die Reden und Blicke der Amazone entflammt, sprang er wüthend auf, nahm einen herrischen und gebieterischen Ton an, und befahl, daß man eine National-Arie spielen sollte. Der Quartiermeister stellte dem Deputirten vor, er habe kein Recht, an einem öffentlichen Orte Befehle zu ertheilen; ein Repräsentant der Nation müsse seine Motionen der Versammlung des gesetzgebenden Körpers, und nicht auf dem Caffeehause machen. Der Quartiermeister erneuerte seine Bitte, aber der Gesetzgeber blieb bey seiner Widersetzlichkeit, und hörte nicht auf, in den unanständigsten Ausdrücken seiner Galle Luft zu machen. Voll Unwillen über den scandalösen Auftritt setzten sich endlich die Zuschauer in Bereitschaft, den Herrn Bazyre und seine würdige Gefährtinn aufs schimpflichste aus dem Caffeehause zu bannen, aber der Quartiermeister besänftigte sie. „Wären wir der schwächere Theil, sagte er, so würden wir ermordet werden; aber so sind wir die Stärkern: und so wollen wir den Factionsmännern ein Beyspiel von Mäßigung und Gerechtigkeit geben, und sie belehren, daß wir wenigstens dem Gesetze zu gehorchen und die constitutionsmäßigen Autoritäten zu ehren wissen." Diese Sprache

der

der Klugheit und des wahren Patriotismus stellte die Ruhe wieder her, und Herr Bazyre und die Amazone wurden zur Büßung ihrer Unverschämtheit nur verurtheilt, sich drey Mahl die Arie: O Richard! o mein Herr! u. s. w. vorspielen lassen zu müssen.

Im Julius 1789, als die Bauern im Sundgau und in Elsaß die Juden plünderten und sie aus ihren Dörfern verjagten, flüchteten 7 oder 800 derselben nach Basel. Nicht bloß der Canton, sondern auch Privatpersonen nahmen sie willig auf; sie beköstigten und beherbergten die Aermsten von ihnen unentgeltlich mit ihren Familien; man wartete nicht auf ihre Bitte, sondern kam ihren Bedürfnissen zuvor, und theilte ihnen freywillig reichliche Almosen aus. Um eben diese Zeit befand sich der menschenfreundliche und von so vielen Deutschen Schriftstellern um die Wette gemißhandelte Lavater auf dem Landgute eines Freundes unweit Basel, und eilte, sein Scherflein zu dem guten Werke beyzutragen. Er schrieb und ließ zum Benefiz für diese Unglücklichen ein kleines Deutsches Büchelchen drucken, das 100 moralische oder philosophische Säze enthält, und von welchem man in kurzer Zeit 600 Exemplare absezte.

Als die Unglücklichen wieder in ihre Heimath zurück kehrten, vergaßen sie nicht das Gute, das ihnen von den Baslern widerfahren war. Ein gelehrter Elsaßer

Elsasser Rabbiner setzte ein Gebet auf, das nun an jedem Sabbathstage gleich nach dem Gebete für den König in den Synagogen verlesen wird. Dieses Gebet macht der Wohlthätigkeit der Basler und der Dankbarkeit der Juden zu viel Ehre, als daß wir es hier nicht einrücken sollten.

„O Herr Gott Abrahams, Israels und Jacobs! erbarme dich deines Volks und der Schafe deiner Heerde! denn die Zeiten der Wehen sind kommen, aber es mangelt ihnen an Kraft. Sah man wohl je etwas, das dem gleicht, was wir erdulden mußten? Thränen entstürzen unsern Augen, und Ströme rollen über unsere Wangen, weil du der Tochter deines Volks so bittere Wunden schlugst, und so mancherley Trübsale uns heimsuchten. Denn die Hand des Herrn hat schwer auf uns gelegen, das Haus unsers Gottes ist vom Feuer verzehrt worden, und er hat den Stamm Jacob der Plünderung, und den Stamm Israel den Räubern preis gegeben. Durch unsere Sünden haben wir das an dem Herrn verschuldet. Doch, gelobet sey der Herr, daß er seine Hand nicht ganz von uns abzog, und daß er uns das Wohlwollen, das Erbarmen und die Huld der weisen und gelehrten Häupter und Aeltesten, Lehrer und Prediger, Reichen und Armen, Tugendhaften und Gottesfürchtigen ꝛc. der erlauchten Stadt und Republik Basel angedeihte, welche der Allerhöchste ewiglich in seinen Schutz nehmen wolle. Anten..,

„Unschuld und Recht finden Schutz vor ihren Gerichten, Mitleiden und unverdiente Gnade gehen aus von ihrer Macht. Wollten wir's mit Worten beschreiben, so würde es uns an Ausdrücken gebrechen: denn sie haben sich erhoben, uns zu helfen durch die Stärke, welche Gott den Starken verleiht; sie haben uns die Pforten ihrer friedlichen Wohnungen aufgethan, und uns aus der Hand derer errettet, welche sich gegen uns gelegt hatten in Hinterhalt. Sie haben uns in ihre Häuser und Palläste aufgenommen, sie haben ihr Geld und ihre Silberlinge in die Hand des Dürftigen und Trostlosen gegeben, sie haben mit Blicken des Friedens ihr Brot mit den Hungrigen gebrochen, sie haben die Nackenden gekleidet, den Schwachen unter die Arme gegriffen, die Wankenden gehalten. O Herr, unser Gott und Gott unserer Väter! blicke wohlgefällig auf sie herab; laß das Gute, das sie an uns thaten, und ihre milden Gaben vor dir Gnade finden! Blicke auf sie aus deiner heiligen Wohnung; tränke sie aus der Fülle deines Segens; gib ihnen Thau des Himmels, Fettigkeit ihrem Boden, und Ueberfluß an Wein und Getreide. Segne ihren Aus- und Eingang! Laß sie ihre Tage in Gesundheit, und ihre Jahre in Freude verleben! Mache sie, ihre Weiber, Kinder und Verwandte des reichen Erbes würdig, das du ewiglich den Guten bestimmt hast! Laß allen Unfall und Krankheit von ihnen entfernt bleiben! Der Herr des Himmels sey ihr Schutz und Schirm an jedem Ort und zu jeder Stunde.

Stunde. Daran geschehe sein heiliger Wille, und wir alle sagen: Amen."

Es thut dem Menschenfreunde wohl, wenn er auf der einen Seite Hülfe und Mitleiden so uneigennützig an Nothleidenden ausgeübt sieht, die ein Vorurtheil mit Absonderung und oft mit Religionshaß gebrandmarkt hat, und wenn er auf der andern Seite die innige Erkenntlichkeit erblickt, womit diese Wohlthaten von den Empfängern, fern von Sectengeist, gepriesen und laut bekannt werden; desto lebhafter empört sich sein Unwille gegen die vorgeblichen Philosophen unsers Zeitalters, gegen die unberufenen Schulmeister des Menschengeschlechts, gegen die politischen Tartüffe, die immer auf den Lippen oder auf dem Papiere die Worte Tugend, Wohlthun und Menschenrecht führen, aber unter der Larve der Menschlichkeit den habsüchtigsten Egoismus oder den unmäßigsten Ehrgeiz verbergen. Einer von ihnen, der berüchtigte Brissot de Warville, suchte in seinem Journal le Patriote français, das er ein freyes, unparteyisches und National=Journal zu betiteln beliebt hat, die gute That der Basler und Mühlhäuser anzuschwärzen und ihre Bewegungsgründe böslich zu vergiften, indem er vorgab, daß die reichen Basler dafür bekannt wären, daß sie in der Art und Weise reich zu werden selbst Juden glichen. "Lernen Sie, Herr Brissot (schrieb voll gerechten Unwillens einer meiner Schweizer=Freunde an ihn) und ich würde Ihnen das ins Gesicht sagen, wenn ich je das Unglück haben sollte, Ihnen zu begegnen, lernen Sie von einem Republicaner, der freymüthig spricht, weil er bieder denkt, lernen Sie, daß auf die Tugend seines Nächsten Verdacht werfen die seinige selbst mehr als zweifelhaft machen heißt, und daß Mißtrauen in die edle Handlung seines Nebenmenschen setzen eine Art von öffentlichem Bekenntnisse ist, man wäre dessen nicht fähig; denn was man nicht thun würde, das, glaubt man, würden andere auch nicht thun. Das heißt, uns mit Ihrer Elle messen, Herr Brissot; und doch sind wir, Gott sey Dank! noch fern von jener Verfeinerung, welche die Menschlichkeit in Wucher verkehrt, und in milden Gaben eine Finanzspeculation zum Besten des Gebers erblickt. Sie nennen sich einen freyen Mann; so denken, reden und schreiben sie als freyer Mann, das heißt, ehren Sie die Tugend und den Unglücklichen; verläumden Sie nicht eine Nation, um das Vergnügen zu haben, einen witzigen oder vielmehr boshaften Einfall anzubringen, und vermehren Sie nicht die Thränen der Unglücklichen, indem Sie die Arme zurück stoßen, welche ihnen zu Hülfe eilen.„

———

Ein gewisser Caffe aus Savoyen war durch einen Ausspruch des Senats zu Chambery 1791 zum Galgen verurtheilt worden, weil er dasjenige, was die Revolutionärs die heiligste der Pflichten nennen, in
seinem

seinem Vaterlande hatte in Ausübung bringen, und
es in den glücklichen Zustand Frankreichs durch
allerhand im Finstern angesponnene Intriguen und
durch Ausstreuung einer Schrift, welche den Titel
führt: Le premier cri de la Savoie vers la liberté,
hatte versetzen wollen. Er hatte sich mit der Flucht
gerettet, kam nach Paris, dem Chef-Lieu der neuen
Freyheit, und erschien vor der Nationalversammlung,
wo er die Gesetzgeber bat, den König von Sardinien
à la barre zu citiren, zur Auslieferung seines einge=
zogenen Vermögens anzuhalten, und zu erlauben, das
Sardinisch über ihn ausgesprochene Urtheil vorlesen zu
dürfen. Einer der Deputirten, Herr Lacroix, glaubte,
man müsse diese Lectüre bis auf morgen verschieben,
aber ein anderer Deputirter, Herr Isnard, gewese=
ner Parfümeur zu Marseille, und nun einer der
ersten Staatsmänner der Franken, fand, wie er sich
ausdrückte, es äufferst ersprießlich, wenn man Schänd=
lichkeiten der Tyrannen aufdeckte, um bey den Völ=
kern den Despotenhaß desto lebhafter anzufachen —
Und so erzeigte man Frankreich, Europa, der Welt
und Nachwelt den wichtigen Dienst, in der Natio=
nalversammlung sich das Todesurtheil vorlesen zu
lassen, das in einem fremden Lande gegen einen
Fremden gefällt worden war. Bey den Worten:
potence dressée ... la hart au cou ... riefen
viele Stimmen, von einem ahndungsvollen Schauer
ergriffen: genug! genug! — Lauter Ehrentitel!
schrie Herr Bazyre. — Das Urtheil, das ein Despot

über

über einen Bürger und Freund der Freyheit ausspricht, ist eine Bürgerkrone, setzte ein anderer hinzu. — Apologie der Französischen Revolution! rief Herr Bazyre, als die Vorlesung zu Ende war. Herr von Condorcet, der Präsident, antwortete dem Herrn Caffe: „Die Nationalversammlung wird die auffallenden Facta, die Sie ihr entdeckt haben, prüfen. (Wahrscheinlich wähnte der Herr Präsident in dem Augenblicke, daß das große Werk der Propaganda bereits vollbracht, und Savoyen schon ein Departement von Frankreich geworden sey). Die Stellvertreter des Französischen Volks fuhr er fort, werden nie vergessen, was sie der Gerechtigkeit und Nationalwürde schuldig sind. Kommen Sie zu uns, Freund und Märtyrer der Freyheit!„ Und der wohlgeborne in effigie Gehangene nahm unter dem lauten brüderlichen Beyfall aller Jacobiner auf den Gallerien und in der Versammlung seine Stelle bey den Gesetzgebern des wiedergebornen Frankreichs ein, und seine Petition wurde an den diplomatischen Ausschuß verwiesen. Von diesem Herrn Caffe, oder doch von einem seiner Affiliirten, rührt eine kleine höchst lügenhafte Schrift über den Zustand von Savoyen her, von welcher ein Auszug im 1ten Stück des Brunsischen Journals steht, aber zu stehen nicht verdient.

―――

Ein armer Gascogner, den die Natur mit einem guten Anstand und viel Wohlbeleibtheit begabt hatte,

wann

wanderte zu Fuß durch das weiland Sologne; Elend und Mangel gaben ihm etwas Unstätes und Schüchternes in seinem Aeusserlichen. Zwey Activbürger, denen er verdächtig vorkam, nahmen ihn beym Kopf, und brachten ihn schleunig zu dem Herrn Maire. Der ehrliche Bauersmann, dem der Kopf von den vielen neuen und unerhörten Dingen ganz voll, und so vieles, von der Macht der Nationalversammlung an bis zu seiner eigenen Würde, unbegreiflich war, der aber wohl wußte, daß sein König nichts bessers als ein Gefangener sey, wähnte ihn in dem Gascogner vor sich zu sehen. Er zitterte vor der Gefahr, in der er sich befände, nahm den Fremden bey der Hand, und führte ihn in eine Nebenkammer. Hier verglich er die Figur des Unbekannten mit der auf einem Assignat von 200 Livres, seinem einzigen Schatz, und wurde nun vollends in seiner Meinung bestärkt. Er unterstand sich nicht, Fragen an den Fremden zu thun; er blickte ihn mit thränen-nassen Augen an, und endlich erkundigte er sich, wo er herkomme — von Paris. — Bey diesem Worte machte er sogleich dem Verhör ein Ende, verbeugte sich und sagte: Seyn Sie ohne Sorgen, Sire, ich liebe noch meinen Gott und meinen König; aber warum in diesem dürftigen Aufzuge? Haben Sie Geld?... oder Assignate? — Der Unbekannte wußte nicht, was er sagen sollte; aber der Bauer drückte seinem Gefangenen sein Assignat von 200 Livres in die Hand, und ohne irgend eine weitere Frage, ohne zu thun, als ob er sich seiner guten Handlung bewußt wäre, gab er dem König unter einem Vorwande volle Freyheit, seinen Weg fortsetzen zu können. Leser! segnet den ehrlichen, biedern Mann! wäre er in jener bekannten Nacht Maire zu Varennes gewesen, so würde man nicht auf Ludwig XVI. die Stelle aus dem Tacit haben parodiren können: Inter regem nullum et regem magnum una nox interfuit.

Viele Jahre vor dem Ausbruch der Revolution, welche den Niederlanden die Freyheit gab, war durch den Zwist zwischen Margarethen, der Regentinn, und ihrem Sohne Wilhelm, Grafen von Holland, eine Fehde zwischen den vornehmsten Einwohnern entstanden. Die beiden Parteyen nannten sich Hoeks und Kabiljaus. Sie verfolgten sich einander mit der größten Wuth, und noch gegen die Mitte des 16ten Jahrhunderts wurde man traurige Ueberbleibsel davon gewahr. Wie überhaupt in allen bürgerlichen Kriegen, so sah man auch hier Adel, Städte, Bürger, Verwandte sich auf das grausamste bekriegen. So sah man zu Harlem Simon von Adrichem an der Spitze der Metzgergilde seinen eigenen Bruder, den Bürgermeister Nicolas von Adrichem, in seinem Hause belagern. Die Bande der Blutsverwandtschaft wurden so wenig geschont, als die Bande der Freundschaft. Ein vernünftiger Mann, welcher die Gemüther

ther zu besänftigen suchte, mußte seine menschenfreundliche That mit dem Leben büßen. Die grauen Müzen oder die Kabiljaus waren an Anzahl und Stärke den rothen Müzen oder den Hoeks überlegen. Bey diesem Streite der beyden Parteyen wurde 1350 in den Niederlanden zuerst Gebrauch vom Schießpulver gemacht. Hoek bedeutet in der Holländischen Sprache eine Fischangel, und Kabiljau einen Stockfisch. Es läßt sich nicht gut mit Gewißheit bestimmen, was beide Parteyen bewogen haben könne, sich so seltsame Nahmen zu geben. Am wahrscheinlichsten ist die Muthmaßung, daß die Anhänger Wilhelms den Nahmen Kabiljau aus der Analogie mit diesen Fischen oder Meerhechten annahmen, welche die kleinern Fische verschlingen, weil sie sich bemühten, die Freunde der Margarethe ebenfalls zu verschlingen und aufzureiben; und daß im Gegentheil die letztern, um zu zeigen, daß sie Muth genug hätten, ihren Feinden zu widerstehen und sie sogar zu überwinden, sich durch den Nahmen Hoeks (Angeln) unterschieden, weil man mit diesen den Kabiljau fängt. Weil sich diese Parteyen durch die Farbe ihrer Müzen auszeichneten, so pflegte die Partey, welche über die andere einen Vortheil erhalten hatte, ihren Gefangenen das Inwendige aus den Müzen zu schneiden. Das nannten sie dann lever uytschnyten (die Leber außschneiden).

In dem Kriege zwischen Holland, das sich auf die Seite der Kabiljaus geschlagen hatte, und den

Städten Utrecht und Amersfort, welche ganz Hoe-
kisch waren, nahmen die von Amersfort die Kirche
und den Thurm von Barneveld weg, den Johann
von Schaffelaer mit nicht mehr, denn 18 oder 20
Mann besetzt hatte. Der kleine Trupp sah endlich ein,
daß er der überlegenen Macht der Feinde würde weichen müssen, und verlangte zu capituliren; aber die
Belagerer, denen es nicht so wohl um den Tod der
gemeinen Soldaten, als um Rache an Schaffelaer
zu thun war, den sie wegen seiner tapfern Gegenwehr haßten, statt daß sie seinen Muth hätten ehren
sollen, legten den Capitulirenden die barbarische Bedingung auf, sie würden ihnen nur dann einen
freyen Abzug gestatten, wenn sie den Schaffelaer
vom Felsen herab stürzten. Alles sträubte sich dagegen, und keiner wollte sich mit dem Blute eines
Unschuldigen beflecken. Aber unerschrocken stieg
Schaffelaer auf die Gallerie des Glockenthurms.
Cameraden, redete er sie an, ich muß doch ein
Mahl sterben, es sey nun früh oder spät, ich will
an Eurem Unglücke nicht Schuld seyn. — Er sagte
es und stürzte sich herab. Noch einige Augenblicke
blieb er am Leben, aber die Unmenschen, die ihn
unten erwarteten, beschleunigten seinen Tod.

Unter den Edeln Eidgenossen, welche in der
Schlacht bey Bellenz glänzten, wo 600 der Ihrigen
von 18000 Lombarden überfallen wurden, die in

Dien-

Diensten des Herzogs von Mayland standen, zeichneten sich drey vom Stamme der Colline aus; Peter und seine beiden Söhne, Rudolph und Hänßly. Peter Collin wohnte der Schlacht als Pannerherr des Standes Zug bey. Er hatte schon vorher in andern Bedienungen dem Vaterlande Dienste geleistet, war Gesandter bey Kaiser Sigismund gewesen, und hatte auch den Streit zwischen dem Abt von St. Gallen und den Appenzellern als Schiedsrichter beylegen helfen. In der berühmten Schlacht bey Bellenz erhob sich seine patriotische Treue in seinen letzten Stunden; als er mit Wunden bedeckt mit dem Tode rang, vergaß er die Sorge für die Erhaltung seines Lebens, und dachte nur auf Erhaltung des ihm anvertrauten Paniers; er übergab es seinen Söhnen, Rudolph und Hänßly Collin, und beschwor sie, solches mit Aufopferung ihres Lebens zu verfechten und zu behaupten. Nach dem Heldenbeyspiel des erblaßten Pannerherrn kämpften beide, ihres Vaters würdig, wie Löwen, bis auch Rudolph der Zahl und Uebermacht der Feinde unterlag, und nur den einzigen Trost hatte, das in neue Gefahr gerathene Panier in der tapfern Faust seines Bruders wehen zu sehen; der es mit augenscheinlicher Lebensgefahr übernahm. Denn schon schrieb sich der Feind den Sieg zu, und ihm schien zu dessen Vollkommenheit nur noch die Eroberung des Paniers zu mangeln. Ein ganzer Schwarm drang mit Wuth durch die Reihen, um es zu erbeuten; mit verzweifelter

Gegen-

Gegenwehr vertheidigte es Hänßly; ihn verließen die Kräfte, nur Heldenmuth und Klugheit nicht; er riß, da er kein ander Mittel zur Rettung sah, den Panier von der Stange, die im Kampf zerbrochen war, wand es, um solches vor dem Feind zu verbergen, um seinen mit Blut und Wunden bedeckten Leib, und stieg in einen nahen Graben, sich und das Panier dem Forschen des Feindes zu entziehen, bis er es einem Landsmanne überantworten könnte. Sein Wunsch und seine Hoffnung wurden gekrönt, sein sterbendes Auge fand den tapfer streitenden Hänßly Landwing, der zur Bedeckung des Paniers verordnet war. Sein Rufen drang bis zu ihm; er schleuderte die blutgefärbte Fahne ihm zu, freute sich und starb. Landwing, vom Beyspiel des Helden angespornt, brachte nicht ohne Gefahr das ihm anvertraute Ehrenzeichen mit 92 noch übrig gebliebenen Zugern ins bestürzte Vaterland zurück, und pries den unbeschreiblichen Heldenmuth der drey Colline nach Würden. Dankbar übergab man dem dritten Sohne Peters, Hans Collin, das von des Vaters und der Brüder Blut geröthete Panier wieder zur Verwahrung. Seit dieser Zeit ist dieses Panier zu ewigem Gedächtniß nebst dem neuen, vom Pabst Julius II. erhaltenen, aufbewahrt, und zur Belohnung solcher seltenen Treue und so vielen, in mancherley Schlachten bewiesenen Heldenmuths, dem Geschlechte und den Nachkommen des vor Bellenz erschlagenen Pannerherrn, Peters, anvertraut worden;

ben; auch bewahren seine Nachkommen eine seidene Schlinge, welche die Pannerherren stets im Felde trugen, und die ebenfalls aus dieser Schlacht mit ihrer Ahnen Blute gefärbt ist. Ueber 400 Jahre lang beweiset man aus Urkunden die Reihe und Folge der Pannerherren dieses Geschlechts, und zwar ununterbrochen, wenn man die 13 Jahre von 1733 bis 1746 ausnimmt, wo diese Stelle auf eine kurze Zeit auf einen Landwing kam. Es bleibt unentschieden, ob die Colline durch ihre Patriotentreue und Tapferkeit, oder die befreyten Bürger und Landleute von Zug durch den über 400 Jahre gezeigten, dauerhaften und gewiß nicht nur in republicanischen, sondern selbst in monarchischen Staaten seltenen Dank — mehr Lob, Ruhm und Nachahmung verdienen. Bey dieser Niederlage vor Bellenz blieben von den Eidgenossen 391 Mann auf der Wahlstatt, von ihren Feinden aber 400 Reuter, meistens Edelleute, und 900 Mann Fußvolk.

———

Jean Jacques Rousseau erzählt im ersten Buche seiner Geständnisse, als er in seiner frühen Jugend bey dem Pfarrer eines Dorfs unweit Genf in der Kost gewesen, habe dieser Pfarrer vor seinem Hause einen Nußbaum pflanzen lassen, um seiner Terrasse Schatten zu geben. Die Einsetzung dieses Baums geschah mit großer Feyerlichkeit. Rousseau und noch ein anderer Kostgänger, sein Vetter, waren Pathen, und

und jeder hielt mit der einen Hand unter Jubelhymnen den Baum, während daß man die Grube zuschlittete. Sie begossen und warteten ihn sorgfältig, und Rousseau bekennt, daß die Erinnerung an diesen Baum immer für ihn mit angenehmen Empfindungen vergesellschaftet, und sein fester Vorsatz gewesen sey, eine Nachsucht zu ihm anzustellen. Verschiedene Engländer und andere Verehrer Rousseau's stellten nun emsige Nachforschungen nach diesem Baum ihres Lieblingsweisen an, und erfuhren zuletzt, daß die Hand eines geschmacklosen kalten Menschen ihn fällen ließ, weil er die Symmetrie des Hofs verunstaltete. Dieser Mann ist hinlänglich für seine Frevelthat — wenn es eine war — durch den Verlust des Gewinns entschädigt worden, den er aus diesem Baum jetzt ziehen könnte, wenn er aus seinem Holze hätte Dosen, Fächerstäbe, Dolchhefte und dergl. verfertigen lassen, die bey dem Enthusiasmus der neuen Franken für den Grundleger ihrer neuen Freyheit in allen 83 Departements reissend Abgang gefunden haben würden.

Rousseau's Nußbaum ist nicht mehr, hingegen befindet sich im Innersten der Alpen ein anderer Baum, der für einen Freund der heiligen Freyheit nicht minder schätzbar ist; nähmlich die Linde, bey der Peter von Pultinger Abt von Disentis, Hans Brum Herr von Rätzüns und Graf Hans von Sax das Bündniß 1424 schlossen, welches das ganze Bundter-

Bündterland seiner Fesseln entledigte; sie stehet dicht
vor dem Dorfe Trons, zwey Stunden von der Abtey
Disentis. Sie ist im ganzen Thal die einzige in ihrer
Größe, ehrwürdig durch die drückende Last so vieler
Jahrhunderte, deren Veränderungen sie überlebte,
und sie verbreitet weit um sich her zahlreiche Aeste
und nährt in ihrem dichten Schatten die gerührte
Seele mit hohen Erinnerungen der edeln Thaten der
Vorzeit. Die Einwohner verehren und hüten sie mit
heiliger Ehrfurcht, und wehe dem, dessen Hand sich
an ihr vergreifen würde.

Am Jahrsfest der Schlacht bey Murten den 22.
Junius, wo 34000 Schweizer aus den verschiedenen
Cantonen das kriegserfahrne Heer Carls des Kühnen
aufrieben, das über 60000 stark war, erblickte ein
Reisender, als er in der Mondnacht nach dem Feste
längs den Ufern des Sees wandelte, und voll schwer-
müthiger, nicht unangenehmer Empfindungen sich
das Getümmel der Schlacht dachte, wo vor 300
Jahren die Tapferkeit der berufenen Gensd'armerie
Burgundiens auf ewig erlosch — erblickte er, sage
ich, unweit dem Beinhause, dem erhabenen Denkmahl der Tapferkeit und Rache, drey Schweizer-
hirten; der eine war schon von der Last der Jahre
gebeugt, die beiden andern standen noch in der Blüthe
des Frühlings ihres Lebens. Lieben Söhne, hörte
er den Greis zu ihnen reden, wenn Euer Vaterland
Euch

Euch so werth ist, wie mir, so hört auf die Worte Eures Vaters. Drey Jahrhunderte sind nun verflossen, seit an eben diesem Tage, an eben dieser Stätte einer von Euren Vorfahren den Tod fand; er sank als Sieger nieder, indem seine tapfere Hand das Panier der Flandrischen Gensd'armerie ersiegte. Ihr Erben seines Nahmens, wenn sein Andenken in Euern Herzen lodert, und wenn sich insgeheim in Euch der Wunsch hebt, einst ihm gleich zu werden; so fallt hier nieder, Söhne, fallt nieder vor dem Angesicht Gottes! — Sogleich fielen beide auf ihre Knie und ihre Augen glänzten von edler Glut für Ruhm und Tapferkeit. Freudig und segnend lezte der Alte seine väterlichen Hände auf ihr Haupt und betete: O Herr der Welt, höre auf das lezte Gebet eines Vaters, das er zu dir thut; heute weihe ich meine Söhne dem Vaterlande; sie schwören beide durch mich, für seine Gesetze zu leben und zu sterben. — Bey diesem rührenden Anblick ertönte stärker in mir die Liebe zum Vaterlande (fährt der Reisende fort, welcher Augenzeuge dieses edeln Auftritts war), mein Auge weilte entzückt auf den jungen Kriegern, in welchen ich die Erben und Nachfolger der Tapferkeit ihrer alten Ahnen erblickte; Freyheit, dachte ich, ist ihr höchstes Gut, was jene für die Freyheit thaten, das werden auch sie thun; sie sind Abkömmlinge von Helden, und das Blut ihrer Vorfahren wird nie durch sie geschändet werden.

Archen=

Archenholz hat in einem Stück seiner Minerva ein Beyspiel aufgestellt, das er mit Recht Staatstugend nennt, welches einen erbrochenen Brief betraf, deſſen Vorleſung anzuhören die Nationalverſammlung ſich weigerte; unglücklicher Weiſe iſt aber dieſe Verſammlung in ihren Begriffen und Befolgungen ſolcher Staatstugenden ſo unſtet und ſchwankend, daß ſie oft das Gegentheil von dem thut, was ſie kurz vorher gebilligt oder gemißbilligt hat. Folgende zwey Thatſachen ſind zwey neue einleuchtende Beyſpiele davon.

Herr Bazyre gab der Nationalverſammlung die Herren Varnier, Noirot und Tardy als Vaterlands-Verräther an, welche die ehemahligen Zoll- und Acciſe-Bediente für Coblenz anwürben. Er gründete und verbürgte ſeine Anklage durch einen Brief, der, wie er vorſchützte, von Herrn Varnier geſchrieben, und ihm, dem Denuncianten, von einem Schloſſermeiſter zu Auxonne zugeſchickt worden ſey. Sogleich ſchleppte man den Herrn Varnier vor die Schranken; er ſtrafte ſeinen Ankläger Lügen; er leugnete, daß der untergeſchobene Brief von ihm ſey: aber ohne Verificirung der Handſchrift, ohne Unterſuchung, wie der Brief in Bazyrens Hände gekommen, ohne Beſtätigung der Exiſtenz des Verbrechens ließ die Nationalverſammlung die drey Beklagten in den Kerker werfen, und decretirte, daß ſie als Verbrecher einer Verſchwörung gegen das gemeine Weſen vor

dem

dem Hochgerichte der Nation vernommen werden sollten, ein Tribunal, das damahls noch gar nicht formirt war. Das alles geschah in wenig Stunden, und so leicht und überhin, wie ungefähr unter der alten Regierung ein Polizey-Commissär einen Fiacre um einige Sous gestraft haben würde, weil er zu fahren sich weigerte. Wenige Tage darauf leugnen der Schlossermeister zu Auxonnes, sein Geselle und eine Magd, auf welche sich Herr Bazyre berufen hatte, vor einem Friedensrichter die Rolle ab, welche der Denunciant sie hatte spielen lassen. Fünf gesetzkräftige Aussagen des Schlossers Vollon erweisen das Unwahre des Vorgebens, und daß er in seinem Leben nicht an Herrn Bazyre geschrieben habe. Der schändliche Betrug mit dem Briefe wird noch augenscheinlicher durch die unwiderlegten Zeugnisse und Beweise, daß Herr Tardy an den Grenzen angestellt sey, und daß die 63 vorgeblich nach Deutschland von dem Verfasser des pseudonymischen Schreibens abgefertigten Zoll-Bedienten sich alle noch auf ihren Posten in Burgund befinden, und daß alle ihre Cameraden, laut der eingeschickten, von den Municipalitäten unterschriebenen, nahmentlichen Listen, ebenfalls Frankreich nie verlassen haben. Man hatte also volle, materielle Gewißheit, daß das Verbrechen nicht begangen worden sey. Die Lüge des Briefs war auf alle mögliche Weise erwiesen, und doch wurde das Decret nicht widerrufen, im Gegentheil bestätigt. Herr Varnier wurde in seinem Ge

fäng-

fängnisse wie der gröbste Missethäter behandelt. Man transportirte ihn nach Orleans, um daselbst wegen eines Verbrechens gerichtet zu werden, dessen Erdichtung rechtskräftig dargethan war, und seit dem November 1791 bis jetzt, im August 1792, schmachtet dieser unglückliche Bürger und seine beiden unschuldigen, unterdrückten Gefährten, in den Banden, unverhört und peinlich angeklagt.

Eben so empörend ist der Vorgang mit dem alten Professor Delatre. Hier verwandelte die Nationalversammlung ein Empfehlungsschreiben eines Vaters ein geheimes, vertrauliches Billet, weil er darin den Wunsch ausdrückt, dem Könige bald seine Freyheit wieder gegeben zu sehen, in Verrätherey gegen den Staat. Das Gesetz der so oft beschwornen und so oft übertretenen Constitution verbietet ausdrücklich, Untersuchung wegen irgend einer Schrift oder Meinung anzustellen, welche nicht die öffentliche Ruhe und Ordnung stören. Aber die Legislatur entschied ganz das Gegentheil, und machte auch auf der Stelle die Anwendung von ihrer Entscheidung, indem sie den alten Mann aufs engste einsperren ließ. Auf das Gerücht von dieser That eilte sein Sohn nach Paris, und stellte sich vor die Schranken der Nationalversammlung — sein Sohn, der allein der Strafbare war, wenn es strafbar ist, ins Ausland zu reisen. Er klagt den Denuncianten seines Vaters eines offenbaren Betrugs an. Dieser Brief, sagte er, von dem der Deputirte, Herr Merlin, vorgibt, daß er in einem Kahne auf dem Rhein gefunden worden sey, ist mir aus meinem verschlossenen Koffer gestohlen worden. Es ist schändlich, ihn erbrochen, schändlich, ihn gestohlen zu haben, schändlich, ihn zur Anklage eines Hochverraths gebrauchen zu wollen, schändlich, abscheulich, mit der einen Hand die Unverletzlichkeit und heilige Sicherheit der Briefe zu decretiren, und mit der andern auf den Inhalt verletzter, erbrochener, gestohlner Privatbriefe einen Verhaftsbefehl und peinliches Verfahren zu gründen! — Doch, diese Treulosigkeit machte keinen Eindruck auf die Majorität der Nationalversammlung. Herr François de Neufchateau, weiland Dichter, jetzt Gesetzgeber eines großen Reichs, ergoß sich in schönen, wohlklingenden Phrasen über die kindliche Ehrfurcht gegen Eltern, verglichen mit der Ehrfurcht gegen das gemeine Wohl. Der Sohn, der Emigrant, blieb frey, der Vater, der einen aufgefangenen Empfehlungsbrief geschrieben hatte, wurde ins Gefängniß geworfen, wo er noch sitzt. O Zeitalter der Philosophie, der Aufflärung, der wiedergefundenen Menschenrechte, der erleuchteten Gesetzgebung, wie es noch keine gab, und hoffentlich nie wieder geben wird!! — — Dieß erinnert an das Betragen des Parlaments von England und seines Generals Fairfax gegen den unglücklichen König Carl I. Als der König die Schlacht bey Nasby verloren hatte, fand man unter der Beute eine Chatulle, worin er seine liebsten Papiere zu verwahren pflegte. Fairfax ließ sie öffnen, und als er sie voller Briefschaften erblickte, versiegelte er sie und schickte sie an das Parlament. Dieses beschäftigte sich zwey ganzer Tage damit, diese Papiere durchzusehen und zu verlesen. Es waren meistentheils Briefe, welche die Königinn an den König von Paris aus geschrieben hatte. Die Empfindungen von Liebe und Zärtlichkeit, welche sie darin ausdrückte, wurden für die Glieder des Parlaments ein Stoff zum Gespötte; sie ließen sie laut vorlesen, und die sanften Ergießungen ehelicher Liebe dünkten ihnen bey ihren ehemahligen Beherrschern ein Gegenstand des Ridiculs. Nachdem sie recht weidlich über diese Briefe gelacht hatten, ließen sie solche drucken, um sie auch dem Spott des Publicums preiß zu geben. Immer war sich die Schwärmerey des Parteygeistes bey den Nationen gleich. Ganz anders handelten die Athenienser, als ihnen ein Packet Briefe in die Hände gefallen war, welche Philipp von Macedonien an verschiedene ihrer Feinde geschrieben hatte, und die bey versammeltem Senat eröffnet wurden. Als sich darunter auch ein Brief an die Königinn Olympia, die Gemahlinn des Königs Philipp, vorfand, so schickte der Senat der Königinn diesen Brief unentsiegelt zurück, weil er glaubte, daß die Geheimnisse zwischen Gatten bey allen Nationen heilig und in Ehren seyn müßten.

Bey Gelegenheit der Aufhebung, Umschaffung und Zerstörung vieler Französischen Kirchen zu Paris und in den Städten des ganzen Reichs, die als National-Güter fremden Händen überliefert und mit ihnen die Gräber großer Männer, die in ihrem Schoße Schuz und Sicherheit vor Entheiligung gesucht hatten, der Willkühr profaner Käufer preiß gegeben *) werden, macht Linguet im 173ſten Hefte ſiner Annalen eine Bemerkung, die wohl verdient, ihrer Wahrheit wegen hier ausgehoben zu werden. Die Schatten, sagt er, jener großen, um das Vaterland wohl verdienten Männer, wallen jetzt bestürzt durch das öde Gemäure in der Irre umher, und harren zitternd, daß der Hammer oder die Pique die Ruhestätte ihrer Asche entweihe, und ihre Gebeine zerstreue. Wäre es nicht weit anständiger gewesen, ihre Ueberreste dem neuen Pantheon anzuvertrauen? Die Römer handelten ganz anders. Nie zertrümmerten sie heilige Denkmähler, selbst nicht in Feindes Landen, ohne durch ein bestimmtes, bey dergleichen Gelegenheiten vorgeschriebenes Ceremoniell, die Götter oder Manen, welche nach der Meinung des Volks hier ihre Wohnung hatten, zu bitten, sich in andere für sie zubereitete Wohnstätte zu begeben. Würde eine solche Verpflanzung nicht
weit

---

*) Des Marschalls Vauxr Sarg wurde neulich ausgegraben, das Bley gestohlen, die Gebeine des großen Mannes aber zerstreut und unbeerdigt gelassen. O Muster von Civilisirung!

weit rührender und eines großen Volkes würdiger gewesen seyn? würde sie nicht weit kräftiger zum Herzen und selbst für's Auge gesprochen haben, als das Spielwerk mit dem processionsmäßigen Transport des stummen Folianten der Constitution aus den Archiven des Herrn Camus nach dem Saale der Nationalversammlung, und aus dem Saal zurück in die Archive des Herrn Camus?

Man braucht, um sich von jener Entheiligung zu überzeugen, nur die ehemahlige Jacobiner-Kirche in der St. Jacobs-Straße zu besuchen, die dem neuen Pantheon, oder der ehemahligen St. Genoveve-Kirche, fast gegen über liegt. Ein Theil des Schiffs ist in eine Wachtstube für Nationalgarden verwandelt, der andere Theil des Gebäudes ist einem Buchhändler vermiethet, welcher Verschläge von Bretern gemacht und Bücher darin feil hat, die vor Zeiten in diesen Mauern mit dem Bannstrahl belegt wurden. In so weit ist das Uebel eben nicht allzu groß, noch das Aergerniß allzu auffallend; aber diese Kirche ist mit alten Gräbern angefüllt, die mit Kupferplatten bekleidet sind, welche merkwürdige Grabschriften oder die Abbildungen von alten angesehenen, hier begrabenen Personen enthalten. Ihre Familien wähnten die Bilder und Ueberreste ihrer Ahnen einem zwiefach unverletzlichen Heiligthume anzuvertrauen. Diese Statuen sind nach dem Costume ihres Zeitalters geformt und ge-

kleidet,

kleidet, was ihnen wenigstens die Schonung gewähren sollte, die man für andere Alterthums-Reste, für alte Münzen und alte Kupfer und Gemählde hegt. Doch diese Schonung hat man ihnen nicht angedeihen lassen. Die metallenen sind eingeschmolzen, oder zu Unterlagen für die Pfeiler der Verschläge gebraucht worden. Die steinernen hat man abgerissen, zerschlagen und ihre Trümmer als lästigen Schutt in Winkel geworfen, anderer Verstümmelungen und unanständiger zotenhafter Behandlungen dieser Statuen nicht zu gedenken. Haben die Aristocraten also nicht Recht, wenn sie den neuen, vorgeblich philosophischen Reformatoren vorwerfen, daß sie sich nicht besser betragen, als die Gothen und Vandalen, die sie doch selbst Barbaren schelten?

VIII.

VIII.

Carl I.

Bruchstück aus der Englischen Geschichte,
sonderlich
in gegenwärtigen Zeitläuften lesenswürdig.

Elisabeth hatte den Thron verlassen, und mit ihr war der Stamm des Hauses Tudor erloschen. Künste, Handlung, Seefahrt, Wissenschaften hatten unter ihrer glänzenden Regierung geblüht, und die Werke des unsterblichen Baco die Gemüther reif zu einer Revolution gemacht. Die königliche Macht war gewisser Maßen despotisch; die alte Constitution schlummerte; willkührliche Tribunale legten der Freyheit Fesseln an und unterstützten die königlichen Vorrechte; Luxus begann die Macht des Adels zu verringern, und den Einfluß der Städte und Gemeinen zu vergrößern; die Finanzen waren verschuldet, zwey Hof-Bankiers schossen Geld vor, das man ihnen mit 12 vom Hundert verzinsen mußte; verschiedene theo-

logische

logische Secten erregten Spaltungen und Unruhen: alles war reif zum Ausbruche. Die Nation erwachte aus ihrem Schlummer zu neuer Thätigkeit. Frankreich erhohlte sich in diesem Zeitpuncte unter den letzten Regierungsjahren des Sully und Heinrich von seinen 60jährigen bürgerlichen Kriegen.

Jacob I., König von Schottland, regierte 22 Jahr, und war ein schwachmüthiger, freygebiger, friedfertiger, kenntnißreicher Fürst, der höchst verschwenderisch mit seinen Gnadenbezeugungen umging, was sie verächtlich machte, und zuletzt ganz um diese moralische Münze brachte. Theologische Streitigkeiten und Fehden, an welchen er zu vielen Theil nahm, störten die Ruhe seiner Regierung und setzten ihn in Gefahr. Baco und Shakespear glänzten zu seiner Zeit, und ihre Schriften halfen die philosophischen Ideen fortpflanzen, durch welche noch in allen Reichen die Revolutionen zur Reife gediehen sind. Die Freyheit der Presse wurde mit einer Strenge eingeschränkt, von der man kein Beyspiel kannte, was die Gemüther nur noch mehr in Gährung brachte. Das Parlament und der Hof waren in einem steten Zwiespalte. Es entstanden damahls zwey Parteyen, die sich Whigs und Torys *) nannten.

*) Tory war Anfangs der Nahme der Irelandischen Räuber, welche die Hinrichtung der Irelandischen Protestanten beförderten. Nachher wurde er allen Hyper-Orthodoxen der Kirche gegeben. Whig nannte man Anfangs spott-

ten. Die thörichten Verschwendungen des Hofs fingen an, die königliche Macht zu schwächen; das Parlament rief sich all seine Rechte ins Gedächtniß zurück. Buckingham war der Günstling und Staatsminister Jacobs I. Der König vermählte ein Jahr vor seinem Tode seinen Sohn Carl I. mit Henrietten, der Tochter Heinrichs IV. von Frankreich. Es wurde in dem Ehevertrag ausgemacht, daß ihre Kinder in der katholischen Religion erzogen werden sollten. Das war der Saame von den Unglücksfällen, welche England verheerten. Ein sanfter Tod endigte Jacobs ziemlich ruhige Regierung; aber im Buche des Schicksals der Könige war der Augenblick vorgezeichnet, wo das Ungewitter ausbrechen, und Tod und Verwüstung verbreiten sollte.

Carl I. bestieg 1625 im 25sten Jahre seines Alters den Thron, um ihn 1641 wieder verlassen zu müssen. Das Gemählde seiner unglücklichen Regierung wollen wir in kurzen, aber treuen Zügen den Völkern, ihren Fürsten und Stellvertretern hier ins Gedächtniß zurück rufen.

Carl

spottweise die Gemeinen, welche auf freyem Felde ihre andächtigen Versammlungen hielten, deren gewöhnliches Getränke in Whig oder Whey (Molke) bestand. In der Folge nannte man unter Carl II. und Jacob II. die Parten gegen den Hof, und unter Wilhelm und Georg die Parten für den Hof mit diesem Nahmen. Im Nordamericanischen Kriege gebrauchten die Americaner beide Benennungen gerade umgekehrt.

Carl war tapfer, bescheiden, simpel, tugendhaft; er besaß alle Eigenschaften, um von seinen Unterthanen geliebt, und von seinen Nachbarn geehrt zu werden; aber seine Minister gruben den Abgrund seines Verderbens. Richelieu regierte damahls in Frankreich unter dem Nahmen Ludwigs XIII. Buckingham, der berühmte Buckingham, wollte es ihm in England gleich thun. Er war ein ungestümer, leichtsinniger, rachsüchtiger Mann. Es wurmte der Nation, ihn so viele Macht über ihren Herrn ausüben zu sehen; der Haß, den man gegen den Minister hegte, fiel auf den Monarchen zurück. Die Vermählung Carls mit einer fremden Prinzeßinn hatte einem Theil der Nation mißfallen, und die Begünstigung der Katholiken nährte dieses Gefühl des Widerwillens noch mehr. Unter solchen Aussichten begann diese blutige Regierung. Carl hatte an Spanien den Krieg erklärt, und berief die Versammlung der Gesetzgeber, um ihm Geld zu bewilligen. Die Mitglieder nützten das Bedürfniß der Krone, um die Freyheit der Nation zu erhöhen, und die königlichen Prärogativen herab zu setzen. Carl hob das Parlament auf, und verschaffte sich Geld, indem er mit Stellen und Kronbedienungen einen Handel trieb. Der Feldzug lief unglücklich ab. Man mußte ein zweytes Parlament zusammen berufen. Auch dieses wurde 4 Monathe nach seiner Zusammenberufung wieder entlassen; das Haus der Gemeinen und der Hof griffen sich wechselsweise in

Mani=

Manifesten an. Carl bot alle Mittel auf, um Geld zu bekommen. Man warf die Unterthanen ins Gefängniß, welche sich weigerten, die Auflagen zu bezahlen; die Nation nahm sich ihrer an; das Ungewitter zog sich immer näher und näher zusammen. Buckingham war in die Königinn von Frankreich verliebt, Richelieu war es auch, und wurde eifersüchtig. Buckingham hatte sich zum Gesandten am Französischen Hofe ernennen lassen; der Cardinal verbat sich ihn beym Könige. Buckingham, um sich zu rächen, verband sich mit dem Prinzen Soubise, dem Haupte der Hugonotten in Frankreich. Er brachte es bey seinem Fürsten dahin, daß er ihm ein Geschwader von 7000 Mann zu einer Landung anvertraute. Die Landung schlug schimpflich fehl, und das Mißgnügen der Nation stieg immer höher. Carl berief ein drittes Parlament; das Haus der Gemeinen machte eine Petition, von natürlichen Menschenrechten unterstützt, gegen die Verhaftnehmung der Bürger; das Volk stand den Commons gegen die Peers und den König durch Aufruhr bey; die Commons drangen durch, das Decret wurde sanctionirt; der Geist der Unabhängigkeit triumphirte, und fing nun an, keine Schranken mehr zu kennen. Die Clerisey nahm sich der Sache des Königs an; Manwarring hielt eine Predigt, in welcher er dem Volke blinden Gehorsam gegen den Monarchen empfahl. Dieß mißfiel dem Hause der Gemeinen, der König aber ernannte ihn zum
Bischof.

Bischof. Der König nahm Deutsche Truppen in Sold, um seine königlichen Vorrechte mit Gewalt zu behaupten, und cassirte das Parlament. Buckingham wurde zu Portsmouth ermordet, als er durch eigene Gegenwart die Rüstungen zu einem Feldzug gegen Frankreich beschleunigen wollte. Es war persönliche Rache, was England von dieser Geissel erlösete. Felton stieß ihm sein Messer in die Brust. Und so starb dieser liebenswürdige, stolze und eitle Minister, der eigentliche Stifter der Widerwärtigkeiten seines unglücklichen Herrn. Der Plan der Hugonotten in Frankreich ging dahin, die Monarchie aufzuheben und eine Art von republicanischer oder verbündeter Regierungsform einzuführen. Aber Richelieu's hoher Geist rettete Frankreich von seiner Zerstückelung. Buckingham bekam zum Nachfolger einen tugendhaften Minister, den Grafen Strafford. Es erhoben sich Streitigkeiten zwischen den Puritanern und Anglicanern. Die erstern beschuldigten die letztern, das Pabstthum wieder einführen zu wollen. Der Fanatismus entbrannte; der Bischof von Edinburg wurde gesteinigt, und entrann mit Mühe dem Tode. Schottland formirte unter dem Nahmen Covenant eine Ligue gegen die catholische Religion. Beide Parteyen predigten stets Gehorsam gegen den König, aber beide kränkten seine Würde und Befehle. Wir überschlagen 10 Jahre liturgische Fehden und Zänkereyen; der Griffel der Geschichte mag sich nicht damit beflecken, und unwillig reißt

die

die Philosophie aus ihren Geschichtbüchern die Blätter, wo diese entehrende Epoche eingetragen steht. 1640 berief Carl ein viertes Parlament; es war das letzte, welches er versammelte: man nannte es in der Folge das lange Parlament. Nun werden wir den Monarchen im Kampf mit seinen eigenen Unterthanen erblicken; wir werden Zeuge seyn, wie bald die königlichen Vorrechte mit den Freyheiten der Nation, bald zwey entgegen gesetzte Fanatismen mit einander um den Vorrang ringen, und wie Ehrgeiz und Factionengeist das Reich und den Thron mit Blut und Bubenstücken besudeln.

In Schottland war der bürgerliche Krieg ausgebrochen. Der König ließ eine Armee gegen die Rebellen marschiren; ein einziger Trupp Deutscher Reuter that einen Angriff auf die Schotten, und wurde zurück geschlagen. Das königliche Heer floh, und machte Frieden mit den Schotten. Die Königinn wurde von der Nation nicht geliebt. Als das lange Parlament eröfnet wurde, so ermangelten die königlichen Minister nicht, dem Könige in ihren Reden in den Mund zu legen, daß es auf Antrieb der Königinn geschehen sey, daß er dieses Parlament zusammen berufen habe. Sie hofften, sie durch dieses Vorgeben bey der Nation zu empfehlen.

Eine große, nie geahndete Revolution näherte sich ihrem Ausbruch. Carl, der das Haus Tudor fast despotisch hatte regieren sehen, glaubte, wenn

er

er die königlichen Vorrechte aufrecht erhielte die alte Constitution mit aufrecht zu erhalten; auf der andern Seite hingegen hüllte sich die Faction der Mißvergnügten und Ränkeschmiede in den Mantel der Popularität, um sich an dem Hof und an der Clerisey zu rächen. Enthusiasmus, Neuerungssucht, Intoleranz, fanatischer Eifer, Haß gegen das Episcopal, alles gab den Gemüthern eine Stimmung, wo es der leichtesten Anregung bedurfte, um eine große Catastrophe zu bewirken. Straffort, welcher den Commons nicht traute, wollte sich entfernen, aber der König wollte es nicht zugeben, und versicherte ihn, daß kein Haar auf dem Kopf ihm gekrümmt werden sollte. Finck, Lawd und Windebank machten mit Straffort das königliche Ministerium aus. Gleich nachdem das Parlament eröffnet worden war, klagte Pynn die königlichen Minister an. Straffort und Lawd wurden in Verhaft genommen, die beiden andern flohen nach Holland und Frankreich. Das Parlament maßte sich alle Gewalt an, und schuf ein neues Wort: Verbrechen gegen die Nation. Der Geist der Freyheit, oder nach andern gleichzeitigen Schriftstellern, der Geist der Ehrsucht entwickelte nie geahndete und ausserordentliche Talente; Männer von seltenem und kühnem Geiste traten auf: der alte Pynn zeichnete sich durch seine Scharfsicht und die Reife seiner Plane aus; Hambden durch seinen Muth und seinen Ehrgeiz; Sanct John durch seinen finstern und hitzigen Character; Hollis durch

durch sein Ungestüm, seine Heftigkeit und seine Freymüthigkeit; Vane, der junge Vane, durch seinen Enthusiasmus und seinen unsittlichen Wandel. Die Mißbräuche waren zu einem so hohen Grade gestiegen, daß selbst die Gemäßigtsten von dem allgemeinen Strome fortgerissen wurden. Der bescheidene Palmer, der milde Digby, der unerschrockene Capal, die tugendhaften Hyde und Falkland befanden sich fast wider ihren Willen unter der Partey der Wüthigen, und London stimmte den Meinungen der Stellvertreter der Nation bey. Mehr als 40 Ausschüsse entstanden in der Nationalversammlung; der Untersuchungs-Ausschuß verfuhr mit der größten Strenge, und nie noch, sagt Hume, waren diese heftigen Mittel nöthiger gewesen. Auf die Berichte der Ausschüsse traf die Versammlung täglich Verfügungen, welche den Hof kränkten, und das Volk immer mehr und mehr in Flammen setzten. Fast alles wurde widerrufen oder aufgehoben, um desto wirksamer am großen Werke der Wiedergeburt zu arbeiten. Unzählige Pamphlets erhielten das Volk in einer unaufhörlichen Gährung; man suchte es immer mehr und mehr durch Gerüchte von Verschwörungen gegen die neue Verfassung der Dinge in Wuth zu setzen. Und unterdessen saß der Freund des Königs, der Vertraute der königlichen Familie, der unglückliche Straffort, als Opfer der Zeitläufte im Gefängnisse, und erwartete sein Urtheil. Carl I. hatte nie die Mittelstraße zu halten gewußt; so emsig er vorher die Vorrechte der königlichen Würde zu behaupten gesucht hatte, so sehr ließ er sich jetzt von Nachgiebigkeit gegen die Factionsmänner und Freyheitsschwärmer hinreissen. Er sanctionirte das Decret, welches das Parlament für permanent erklärte; er trieb die Vergessenheit seiner Würde so weit, daß er sogar seine Minister aus der Mitte seines Feindes, des Parlaments, nahm. Die vornehmsten Häupter, die ärgsten Tollköpfe der Glieder des Hauses der Gemeinen, sie alle strebten nach einem Platz im Ministerio. Pynn wollte Canzler, und Hamden Gouverneur des Prinzen von Wallis werden. Unterdessen wurde Straffort's Proceß eifrig betrieben: aber man konnte keinen Beweis gegen ihn führen, der ihm zur Last gefallen wäre; der Pöbel von London, der seinen Tod geschworen hatte, ergrimmte über die Langsamkeit der Procedur, und drohte, zu den äussersten Mitteln zu schreiten. Man verbreitete in allen Vierteln von London die fürchterlichsten Gerüchte; man ging in ihrer Abgeschmacktheit so weit, daß man aussprengte, die Themse sey unterminirt, um sie in die Luft zu sprengen und alle Einwohner von London zu ersäufen. Man durchsuchte alle Kirchen und Capellen. Pynn und Hamden waren die erbittertsten von Straffort's Verfolgern. Endlich, wer sollte es glauben? gab ein Billet von Straffort's Hand, das der junge Vane unter den Papieren seines Vaters, des Staats-Secretärs, gefunden hatte, diesem großen Processe

den

den Ausschlag. In diesem schon vor langer Zeit geschriebenen Billette schlug Straffort vor, daß der König von der Stadt London 100,000 Pf. Sterling borgen, die Taxe von den Schiffen dringender eintreiben, und seine Armee gebrauchen solle, um den Aufruhr in Schottland zu stillen. Nun brachte man das niedrige Pöbel-Gesindel in die fürchterlichste Gährung. 6000 mit Piken und Knitteln bewaffnete Männer und Weiber umringten mit fürchterlichem Geheule die Säle von Westminster. Alle mäßig Denkende wurden schändliche Vaterlands-Verräther gescholten und mit dem Tode bedroht. Die Richter beschwerten sich zwar bey der Nationalversammlung; aber weit entfernt, die Urheber einer solchen Gewaltthätigkeit und Beleidigung der öffentlichen Gesetze bestrafen zu wollen; gaben ihnen vielmehr die Häupter des Volks, und sonderlich der junge Vane, ganz kalt zur Antwort: Ist denn Straffort's Blut so edel, daß man so säuberlich damit zu verfahren braucht? Einige Officier machten den Plan, die Armee für den König zu gewinnen und sich diesen gefährlichen Neuerungen zu widersetzen; aber ihr Plan wurde entdeckt, und sie flüchteten ins Ausland. Diese Entdeckung erneuerte die alten Gerüchte von Verschwörung; man sprach von nichts als von angelegten Minen, maskirten Schiffsgeschwadern und heimlichen Rüstungen in Dännemark und Frankreich. Der Pöbel von London, der alle Augenblicke fürchtete in die Luft gesprengt

zu werden, verlangte nun desto wüthender Straffort's Kopf. Die Richter geriethen in ein solches
Schrecken, daß von den 80 Peers nur 26 für den
Tod, und 19 für die Begnadigung stimmten, und
daß die 35 übrigen der Sitzung nicht beyzuwohnen
wagten. Der König mußte das Todesurtheil unterschreiben. Eine Horde Pöbel umringte den White-
hall Pallast, und stieß die schrecklichsten Drohungen
und Verwünschungen aus. Der König befand sich
in der entsetzlichsten Lage; Juxon, der einzige Juxon,
Bischof von London, hatte das Herz, ihm vorzustel-
len, daß er in keine Ungerechtigkeit willigen solle.
Straffort, der für seines Königs Leben zitterte, faßte
den muthigen Entschluß, an Carl zu schreiben, und
ihn zu bitten, ihn seinem Schicksale zu überlassen,
weil er gern sein Leben der öffentlichen Ruhe auf-
opfere. Meine Einwilligung, so schließt er seinen
Brief, wird Eure Majestät vor Gott frey sprechen.
Der unglückliche Straffort litt den Tod mit der
Standhaftigkeit der Unschuld. Als er seiner Gemahlinn, seinen Kindern und seinem Bruder einige
Augenblicke der Wehmuth gezollt hatte, sagte er laut:
Er fürchte, es sey ein böses Zeichen für die neue
Staatsumwälzung, daß man sie mit Vergießung
unschuldigen Bluts beginne. Die Commons bemächtigten sich nun der Gerichtsbarkeit; der königliche
Geheime Rath und verschiedene Tribunale wurden
aufgehoben; man nahm dem Könige nach und nach
alles. „Aber, sagt Hume, wenn man alle Ver-
hand-

Handlungen dieses merkwürdigen Parlaments verfolgt, so findet man, daß, mit Ausschluß von Straffort's Todesurtheil, das ein wahres Denkmahl der Ungerechtigkeit bleibt, es in allen übrigen Stücken dem Staate sehr wesentliche Dienste leistete, und die größten Ansprüche auf die Verehrung und das Lob der Freunde der Freyheit hat.„ Carl wurde in Schottland der souveränen Gewalt, wie in England, beraubt. Es war sein Schicksal, in seinem Königreiche überall die Flamme der Empörung auflodern zu sehen; Fanatismus gab auch den Irländern die Waffen in die Hand, und unter dem Vorwande der Religion ermordeten sie 40,000 Engländer. Die Commons machten eine Addresse an die Provinzen, um sie zu Richtern ihres Verfahrens aufzurufen. Leidenschaft allein führte dabey die Feder. Man übertrieb alle die abgeschafften Mißbräuche, und stellte die National-Beschwerden in dem größten Lichte dar. Wer mit der Geschichte der Revolutionen der Reiche bekannt ist, wird wissen, daß Rottirer und kühne, unternehmende Köpfe, die das gemeine Beste zwar stets im Munde, aber das Gift der Ehrsucht im Herzen führen, sich nie an Einer Macht begnügten, die ihrer Natur nach nur precär war, so bald es ihnen leicht dünkte, durch Keckheit und Gewalt sich selbst in Besitz der ganzen Souveränität zu setzen. Zu der wenigen Achtung, in welcher Carl schon stand, gesellte sich nun auch der Geist der religiösen Zügellosigkeit, den

das

das Parlament durch Herabsetzung des Ansehens der Geistlichkeit eingeführt hatte. Dieser Fanatismus von Unabhängigkeit zerstörte alle Annehmlichkeiten, alle Vergnügungen des geselligen Lebens. Temple erzählt uns sogar, daß damahls die Krankheiten mit von den moralischen Eigenschaften und dem Zustande der Seele abhingen, und daß die Englischen Aerzte sich gewisser Maßen gezwungen sahen, einen Cursus gottseliger Uebungen zu machen. Die Freunde der königlichen Würde beantworteten im Nahmen des Königs die aufwieglerische Addresse des Hauses der Gemeinen, aber leider! zu spät; der Anschlag war ein Mahl gefaßt, die Kirche und Monarchie zu stürzen. Die Nation war erbittert, ihre Stellvertreter waren ehrsüchtig und verderbt; der Abgrund eröffnet sich unter den Füßen des Monarchen, und schon färbte sich der Horizont mit Blut.

Eins von den wesentlichen Vorrechten der Krone war die Gewalt, welche der Monarch hatte, seine Unterthanen zu Ergreifung der Waffen zwingen zu dürfen. Das Haus der Gemeinen nahm ihm diese Gewalt. Carl I. beklagte sich darüber beym Oberhause, ehe noch die Bill vor dasselbe gebracht wurde. Das Unterhaus, das ihm gern aus Allem ein Verbrechen gemacht hätte, beschuldigte ihn, daß er durch diese anticipirte Bitte einen Eingriff in die Privilegien des Parlaments gethan habe. Die Lords fürchteten, ihre Autorität compromittirt zu sehen, und wollten sich den Unternehmungen des Unterhauses widersetzen; allein die Commons ließen ihnen fühlen, daß sie die Versammlung der Nation wären, und daß sie sich wenig um ihre Vorstellung bekümmerten. Dieser Federkrieg raubte unvermerkt dem Prinzen die Achtung, welche der Majestät seines Ranges zukam. Der Fanatismus der Religion gesellte sich nun zu dem Fanatismus der Freyheit, und die Entwürfe einiger Factionsmänner zu einer gänzlichen Unabhängigkeit entwickelten sich mit einer Energie, welche bald alle Bande der Religion und Monarchie zu zerreissen drohte. Das Unterhaus griff die geistliche Hierarchie und die catholische Religion zu gleicher Zeit an; das Volk versammelte sich tumultuarisch in dem Versammlungssaale des Parlaments, und stieß alle mögliche Verwünschungen gegen die Bischöfe und die Großen aus. Es ging so weit, daß die Bischöfe eine Protestation einreichten, worin sie sich über die Beschimpfungen und Drohungen der Aufrührer beschwerten, und erklärten, daß sie sich nicht mehr mit Sicherheit ins Parlament begeben könnten, und daher zum voraus gegen alles protestirten, was in ihrer Abwesenheit darin vorgenommen werden würde. Dieser übereilte Schritt war ein Triumph für das Haus der Gemeinen. Die Glieder deßselben schalten die Bischöfe Verräther, und niemand wagte es, ihre Vertheidigung zu übernehmen. Man war gezwungen, ihnen eine Wache zu geben, um sie vor der Wuth des

Volks

Volks zu schützen. Hume bemerkt mit seiner gewöhnlichen Scharfsicht, daß bey dem ein Mahl gefaßten Entschlusse des Unterhauses, alles umzukehren und anders zu machen, es auf keine andere, als eine ungerechte und unregelmäßige Art verfahren konnte. Der Geist der Democratie machte solche Fortschritte, daß viele von Adel fürchteten, ihren Untergang unter den Ruinen der Monarchie zu finden, und sich daher lieber auf die Seite des Volks schlugen. Das Unterhaus hatte den niedrigsten Pöbel in seinem Sold, und erhielt ihn durch ausgesprengte Gerüchte von angeblichen Verschwörungen, von feindlichen Einfällen fremder Mächte, von Complotten der Uebelgesinnten u. s. w. in einer beständigen Gährung. Das Schicksal des Königs flößte so viel Mitleiden ein, daß viele Officier und junge Leute ihm ihre Dienste anboten. Es kam zu verschiedenen Scharmützeln zwischen ihnen und dem Pöbel. Jene nannten das Pöbelgesindel Rundköpfe (Round Heads) aus Anspielung auf ihre abgestutzten Haare; das Volk hingegen gab den königlich Gesinnten ebenfalls einen Spottnahmen, und diese Benennungen vermehrten noch den Haß und die Zwietracht, die schon zwischen beiden Parteyen wütheten.

Carl, voll Unwillen, sich so herab gewürdigt, geplündert und in seiner Würde täglich gekränkt zu sehen, und noch mehr durch das Zureden der Königinn, der Hof-Damen und des Lord Digby in seiner Empfind-

Empfindlichkeit bestärkt, entschloß sich plötzlich, nach so vielen Beweisen der Nachgiebigkeit und Schwäche, etwas Nachdrückliches zu wagen. Herbert brachte in seinem Nahmen vor das Oberhaus eine Anklage gegen den Lord Kimbolt und fünf Häupter von der Gegenpartey an, worin sie des Hochverraths, des Aufruhrs und der Zerstörung der Grundgesetze des Reichs beschuldigt wurden. Northumberland's Schwester hatte die Beklagten gewarnt, daß man sie würde in Verhaft nehmen wollen. Sie waren also auf ihrer Hut und verbargen sich; man mußte sich begnügen, bloß ihre Papiere zu versiegeln. Der König that den lächerlichen Schritt, in Person in den Versammlungssaal zu kommen und zu versprechen, daß er keine Gewalt gebrauchen und dem Gesetze allein freyen Lauf lassen wollte. Denn dieses feyerliche Versprechen, sich bloß der gesetzlichen Mittel zu bedienen, half dem Könige so viel als nichts. Als er nach seinem Pallaste zurück kehrte, stieß das Volk überlaut Schmähungen und aufrührerische Reden gegen ihn aus.

Carl wurde gar bald gewahr, welchen Fehler, von unabsehlichen Folgen begleitet, er begangen hatte. Von Bestürzung, Kummer und zu später Reue genagt, und von jedermann verlassen, flüchtete er nach dem Schlosse Hamptoncourt, und weil er sich da nicht recht sicher glaubte, nach der Stadt York. Vergebens suchte er durch übertriebenes Nachgeben den Fehler seiner Uebereilung wieder gut zu machen. Er erbot sich zur Begnadigung der Beklagten und zum Ersatz des vorgeblichen Eingriffs in die Freyheiten des Unterhauses; die Glieder des letztern verlangten, daß der König ihnen diejenigen mit Nahmen angeben sollte, welche die Ankläger gewesen wären. Gewisser Maßen wollten sie ihn nöthigen, sich zu entehren. Die Königinn, der ewigen Kränkungen und Verfolgungen müde, und für ihr Leben besorgt, beschloß, die Flucht nach dem festen Lande zu nehmen. Das Haus der Gemeinen, das in seinen Usurpirungen keine Grenzen mehr kannte, hatte sich nun auch der Disposition über die Armee bemächtigt, so daß der König gänzlich von aller Gewalt entblößt war. Jetzt lud ihn das Parlament ein, nach der Hauptstadt zurück zu kommen, aber er weigerte sich, weil er voraus sah, daß er dort Sclave seyn würde; seine Antwort mahlte die Unruhe seiner Seele, seine Liebe zum Frieden, seinen Wunsch für die Ruhe des Landes und das Vertrauen, das er bey dem Bewußtseyn seiner guten Absichten in den Schutz Gottes setzte. Das Haus der Gemeinen, das auf einen Krieg gefaßt war, erklärte die Antwort des Königs für eine sträfliche Weigerung, und alle Glieder seines Raths für Feinde des Staats. Bey dieser Lage der Sachen ließ Carl I. und das Parlament eine Menge Manifeste ausstreuen, welche die Vorboten des Bürgerkriegs waren. Die Parten des Königs, voll edelm

Ver=

Vertrauen in die Sache, die sie vertheidigte, ließ die Schriften des Parlaments mit den ihrigen zugleich austheilen; das Parlament hingegen erlaubte sich alle Arten von Mitteln, um die Schriften der königlichen Partey zu unterdrücken und ihre Bekanntmachung in den Provinzen zu verhindern. Es übte bey der Gelegenheit denselben Despotismus über die Verwaltung der Englischen Posten aus, den man vor Zeiten der alten Regierung vorgeworfen hatte.

Unterdessen war das Parlament nichts weniger, als ruhig. Die Häupter der Partey machten der herrschenden Faction begreiflich, daß sie ihrer Verurtheilung und Züchtigung nicht entrinnen würde, wenn je das königliche Ansehen wieder die alte Staffel seiner Höhe erreichen sollte. Das Volk ist überall Freund von Neuerungen; es wollte nicht glauben, daß es durch Leute verrathen werden könnte, die es aus seinen Mitteln gewählt, und auf welche es einen so unmittelbaren Einfluß hatte. Zwar fühlte es wohl, daß sie die Schranken der Mäßigung überschritten haben möchten; aber es erinnerte sich, daß der Hof und die Großen auch lange gegen ihn alle Pflichten der Gerechtigkeit aus den Augen gesetzt hätten.

Welch eine erhabene und große Lehre gaben damahls der König und der Englische Adel dem ganzen Adel von Europa! Ihr starken Männer, ihr Eroberer oder Vertheidiger des Volks, man nannte euch Reges (Regenten), Duces (Fürsten, Führer); eure

Kinder

Kinder sollten ausgezeichnetere, edlere Männer seyn; ihr wähntet, daß diese Titel zwischen euch und dem übrigen Menschengeschlechte eine absondernde Scheidewand bildeten; ihr glaubtet euch nun von höherer, besserer Natur, als die andere Menschenmasse; viele von euch erkühnten sich, ungestraft alle Gesetze der Sittlichkeit und des Rechts zu übertreten: kommt und werft einen Blick auf die Catastrophe Carls und seiner Edeln! Wenn ihr stolz auf den erlauchten Nahmen seyd, den eure Vorfahren euch überlieferten, so sinnt darauf, ihn durch eigene Tugenden glänzend und auszeichnend zu erhalten. Vergebens werden Schmeichler euch sagen, daß eure Geburt euch zum Herrschen berechtige; vergebens werden sie euch von angestammten Rechten vorschwatzen: bedenkt, daß diese Rechte sich nur auf Pflichten gründen, welche Dankbarkeit vorschreibt; sucht diese Dankbarkeit zu verdienen, wie eure Väter sie verdienten: vergesset nicht, daß die Meinungen und Leidenschaften des größern Haufens, mit und unter welchem ihr leben müsset, leicht irre geleitet werden können, und daß alsdann eure Gewalt nur eine schöne Chimäre seyn würde: sucht also diese Gewalt, diese Herrschaft durch eure Tugenden und Talente zu stützen, und euch durch den Segen und die Liebe des Volks zu gründen, was Wahn und Herkommen euch bey Revolutionen nur ungern einräumen würden.

Liebe um Frieden, Verlangen nach Ordnung und Ruhe, und ich weiß nicht, welch religiöses Gefühl,

Gefühl, hatten dem Könige im Hause der Gemeinen noch einen großen Anhang erhalten, der bald zur Majorität angewachsen seyn würde, wenn dieser übel berathene Fürst nicht neue Veranlassungen zum Mißvergnügen gegeben hätte. Die Gemeinen trieben ihren Triumph unaufhaltsam immer weiter und weiter; jede Widersetzlichkeit, jeder Tadel, selbst bey Privatunterredungen, wurde von diesen strengen Richtern als das schwärzeste Nationalverbrechen behandelt. Der niedrigste Pöbel umringte beständig das Parlament und war auf das geringste Zeichen bereit, die Befehle seiner Obern zu erfüllen; wer sich gegen den Strom zu sträuben wagte, für den gab es keine Sicherheit mehr.

Der Augenblick war gekommen, wo eine Fehde von der Wichtigkeit nicht mehr durch Federstriche geendigt werden konnte. Man warb auf beiden Seiten Truppen. Der König war zu York, wohin sich ein großer Theil der Peers und des Adels zu ihm verfügte. Die Königinn, welche alle diese Widerwärtigkeiten mit wahrer heroischer Standhaftigkeit und Ergebenheit ertragen hatte, ging mit den Juwelen der Krone nach Holland, um ihrem Gemahl dort Beystand zu werben. Viele Glieder des Unterhauses verließen es, theils aus Ueberzeugung, theils aus Furcht. Aber man klagte sie öffentlich an, und legte allen denen, welche nicht der Meinung der tyrannischen Majorität waren, den Nahmen Delinquenten bey.

Das

Das Parlament fing nun an, Truppen in seinen Dienst und Sold zu nehmen. Man errichtete National-Milizen in dem größten Theile des Königreichs; diese Milizen verbündeten und verbrüderten sich unter einander. Das Parlament ließ einen Befehl ergehen, daß alles Silbergeschirr ihm als eine Anleihe ausgeliefert werden sollte, um zur Vertheidigung des Königs und des Parlaments gebraucht zu werden. In weniger denn zehn Tagen brachte man dessen eine so große Menge an die ernannten patriotischen Schatzmeister, daß man kaum Hände genug hatte, um es in Empfang zu nehmen, oder Platz, es aufzustellen; sonderlich bewiesen die Frauenzimmer einen ungemeinen Eifer: sie beraubten sich alles ihres Schmucks, und opferten sogar ihre Fingerhüthe dem Vaterlande. Weil das Parlament Herr von den Häfen, der Marine, dem Tower und den öffentlichen Einkünften war; so hatte es alle Vortheile auf seiner Seite, und bey seinen so schnellen Rüstungen sah sich der König zu seiner eigenen Sicherheit gezwungen, auf seine Vertheidigung zu denken und Magazine zu errichten. Der hohe Adel, die Vornehmsten des zweyten Standes, die Anhänger des Episcopats und der herrschenden Religion, die Freunde der Königinn, die Catholiken, die jungen Officier und einige Abentheurer, die mehr von ihrem Interesse als von Grundsätzen geleitet wurden, schlugen sich zur Partey des Königs; er erhielt auch einige Hülfe an Geld und Waffen aus Holland.

Um

Um den Londner Pöbel gegen die Partey des Königs aufzuhetzen, ermangelte man nicht, auszusprengen, er sey es, welcher den bürgerlichen Krieg angefangen habe; nach Clarendon's Versicherung wurde der Einzug, den Lord Digby zu Kingston hielt, als die erste königliche Feindseligkeit ausgeschrieen. Die Nationalversammlung zu London besoldete eine Menge Journalisten von allen Arten, um das Volk durch beständige Schreckschüsse und Gerüchte von Einbruch, Verschwörung und andern lächerlichen Phantomien der Furcht in Athem zu erhalten. Zu dieser Zeit fing man an, um die Neugier des Volks desto besser zu reitzen, diesen Zeitschriften die allersonderbarsten und drolligsten Titel beyzulegen. Um eben diese Zeit belustigte sich auch ein witziger und beissender Schriftsteller auf seinem Landsitze damit, die Puritaner mit allen Sarcasmen und Spöttereyen einer lebhaften und fruchtbaren Einbildungskraft heimzusuchen. Allein sein Hudibras, der nicht regelmäßig und periodisch erschien, vermochte nicht, den Geist der Wuth und Parteysucht zu ersticken; vielleicht war auch Buttler zu feige, und fürchtete, seine Schrift zu St. James schimpflich verbrannt zu sehen. Der Triumph der aufrührerischen und wüthenden Blätter dauerte also fort; das Blut der Bürger floß, der König vergoß das seinige auf dem Schaffot, und die Nation ging aus einem wenigstens leidlichen Zustande unter das Joch der schrecklichsten Tyranney über, die sich zuletzt in den Händen

den eines einzigen Mannes concentrirte, und dieser Mann war Cromwell.

Die Ehrfurcht für das Parlament war ungemein groß; man konnte ihm jetzt nur noch wenige Vorwürfe von Verderbtheit machen. Das Haus der Gemeinen wurde als die Versammlung der Nation, als der Hüter der öffentlichen Freyheit angesehen; daher war die Neigung des Volkes ganz für dieses Haus, und die Fehde, die bloß einige seiner Mitglieder betraf, wurde als Fehde der ganzen Nation ausgelegt. Weil es einer von den großen Vorzügen der Popularität ist, Beynahmen den verschiedenen Parteyen zu geben, so wurden die Parlamentsglieder mit dem Nahmen Patrioten geschmückt, während man ihre Gegner als Bösewichter und Uebelgesinnte ausschrie. Ein recht sonderbares, auffallendes Wort, eine Art von phantastischem Popanz, thut immer die größte Wirkung auf den gemeinen Mann; man gab daher den königlich Gesinnten den Beynahmen Malignanten.

Fast alle Landleute, welche isolirt lebten, und in Frieden ihre Felder bauten, wünschten sich Freyheit und einen König, indessen ihre Municipalitäten, die meistentheils aus Intriguenmachern, Müssiggängern und Tagedieben bestanden, die von der Parten, der sie anhingen, ihre Existenz und Macht allein zu hoffen hatten, blinde Anhänger des Parlaments waren. Die Addressen voll Ergebenheit, Treue und

Unter-

Unterwürfigkeit gegen die neue souveräne Macht, vervielfältigten sich also von allen Seiten, und Hume macht dabey die sehr philosophische Bemerkung, daß das Ungefähr der Stimmung dieser Municipalitäten, welche über die ganze Oberfläche des Reichs verbreitet waren; der Mittelpunct von Einheit und Macht, der in jeder Stadt zu existiren schien; die besonderen Verbrüderungen und Vereinigungen dieser Städte unter einander, und ihre Correspondirungen mit dem allgemeinen Mittelpuncte, nähmlich dem Unterhause; daß alle diese zusammen treffende Ursachen, fährt dieser Geschichtschreiber fort, der öffentlichen Meinung einen allgemeinen Anstrich von Republicanismus gaben, da doch der individuelle und isolirte Wunsch jedes Bürgers, einzeln genommen, eine Mehrheit von mehr denn drey Viertheil der Stimmen, zum Besten einer gemäßigten Monarchie, gewährt haben würde.

Die benachbarten Staaten von England waren damahls in heftige Kriege verwickelt, welche ihnen nicht erlaubten, großen Antheil an diesen bürgerlichen Unruhen zu nehmen. Und so genoß die Englische Nation den eigenen Vortheil (denn diesen Nahmen verdient er) ihre innern Streitigkeiten, ohne die Dazwischenkunft fremder Mächte auszugleichen. Nur der Französische Hof, welcher das Feuer der ersten Empörung unter der Hand genährt und angeschürt hatte, fuhr fort, so lange Richlieu lebte, einen

M stärkern

stärkern oder schwächern Theil daran zu nehmen, und das Parlament zu begünstigen, ungeachtet Carl I. der Schwager von Ludwig XIII. war, und die Gleichheit des Zwistes eine Gleichheit des Unglücks hätte ahnden lassen sollen.

So war die Lage von Europa und die Stimmung der Gemüther beschaffen, als die ersten Feindseligkeiten 1642 ihren Anfang nahmen, und mit wechselseitigem Glücke ungefähr sechs Jahre dauerten.

Damahls fingen Cromwell und Fairfax an, sich bey den Armeen auszuzeichnen. Ersterer legte damahls den Grund zu jener verborgenen und ehrgeizigen Politik, auf welche er, neben den Trümmern der Monarchie, das Gebäude seiner Größe errichtete.

Wenn man Ein Mahl das Mittel gefunden hat, den großen Haufen durch die Lockspeise der Freyheit zu angeln, so folgt er blindlings, sobald man ihm nur ihren Nahmen hören läßt.

Die Stimmung der Engländer für Neuerungen erzeugte eine Begebenheit, welche Cromwells großen Character entwickelte, der Grund des Mords des Königs, des Sturzes des Episcopats, und der Zerstörung der Monarchie wurde, und doch auch manche heilsame und ersprießliche Reform bewirkte. Diese Begebenheit war die Entstehung der Secte der Independenten, oder Republicaner. Die Chimäre dieser Secte bestand darin, bloß diejenigen für Priester anzuerkennen, die sie selbst ernennt hatten, und Gleichheit der Rechte unter allen Menschen durch alle mögliche und selbst die gewaltsamsten Mittel zu befördern. Cromwell hielt diese Secte für geschickt, seine geheimen Absichten zu begünstigen. Dieser ausserordentliche Mann, der sehr gut wußte, welchen Vortheil er aus der öffentlichen Meinung ziehen könnte, faßte den Entschluß, über die Gemüther des Volks durch eine Uneigennützigkeit sonder Beyspiel zu herrschen. Er machte in dem Hause der Gemeinen die Motion, daß alle Glieder des gesetzgebenden Körpers unfähig seyn sollten, irgend eine Civil= oder Militär=Bedienung zu bekleiden. Die Begeisterung machte, daß die Motion trotz manchem Murren durchging. Man nannte dieses Decret, das Decret der Verzichtthuung auf sich selbst. Und von dem Augenblicke an herrschte der gesetzgebende Körper unumschränkt über die Nation. Die Schlacht bey Naseby, unweit Oxford, entschied ganz für die Anhänger des Parlaments; der Sieg war vollkommen; der König mußte die Flucht ergreifen, man bemächtigte sich der Correspondenz des Monarchen und seiner Gemahlinn; man ließ sie drucken und brauchte sie als einen Pendant zu den scandalösen Geschichten, welche man von dieser liebenswürdigen Prinzessinn ausstreute. Der junge Prinz von Walis, welcher nachher Carl II. wurde, und frühzeitig die Widerwärtigkeiten seines Vaters mit empfand, war gezwungen, sich auf das kleine Eyland Silly zu flüchten. Der König begab

sich

sich nach Oxford, wo er sich zwischen dem siegreichen Heere der Engländer und der verbündeten Armee der Schottländer mitten inne befand. Er entschloß sich endlich, sich letztern anzuvertrauen, und die Schotten überhäuften sich mit Schande, indem sie ihn dem Parlament von England für die Summe von ungefähr einer Million Conventionsthaler, nach Sächsischem Gelde, auslieferten.

Das Parlament war unterdessen nichts weniger als wegen seiner eigenen Sicherheit beruhigt, und seine Tyranney stand in Gefahr, durch eine neue Tyranney zerstört zu werden. Der Geist der Independenten hatte sich unter die Truppen verbreitet; sie empörten sich, und formirten unter sich ein militärisches Parlament, welches den Nahmen Agitators führte. Anfangs begnügten sie sich, bloß Vorstellungen zu machen, aber zuletzt gaben sie Gesetze. Cromwell nährte selbst diese Zwistigkeiten, um vom Parlament unabhängig zu werden, und die ganze ausübende Gewalt in seine Hände zu bekommen. Eine Partey dieser Agitators, 500 Mann stark, die von dem Obersten Joyce angeführt wurde, der vor diesem ein Schneider gewesen war, entführte mit der Pistole in der Hand den gefangenen König, welcher ihnen unter Weges entfloh und sich nach der Insel Wight flüchtete, wo er ein neues Gefängniß fand.

Es entstand eine dritte Secte, die sich die Applanirer nannte, weil sie alles gleich machen, und keinen Herrn über sich, weder beym Heere, noch im Staat, noch in der Kirche anerkennen wollte. Eigentlich thaten diese Rottirer nichts anders, als was das Haus der Gemeinen gethan hatte, und sie schienen eben so viel Recht zu haben, als andere; auch wuchs ihre Anzahl beträchtlich. Cromwell, der sie um so gefährlicher fand, weil sie sich seiner Grundsätze bedienten, und ihn um die Früchte seiner Politik und seiner Arbeiten bringen wollten, faßte plötzlich den Entschluß, sie, selbst mit Gefahr seines Lebens, auszurotten. Als sie einsmahls versammelt waren, marschirte er gegen sie an der Spitze seines Regiments der rothen Brüder, mit welchen er immer siegreich gewesen war; er fragte sie im Nahmen Gottes, was ihr Begehren sey? und griff sie so ungestüm an, daß aller Widerstand vergebens war. Er ließ viele von ihnen aufknüpfen, und vernichtete eine Faction, deren ganzes Verbrechen eigentlich darin bestand, ihm nachgeäfft zu haben.

Herrliche Lehre für die Dilettanten der Gleichheit der Rechte der Menschen! augenscheinlicher Beweis, daß eben die Menschen, welche sich am eifrigsten bemühen, andere Menschen dafür zu begeistern, nichts weiter dabey beabsichtigen, als dieser ihren Enthusiasmus zum Werkzeug ihrer Plane zu gebrauchen, und sie zu unterjochen, sobald sie diesen Planen im mindesten widerstreben!

Die beiden Söhne des unglücklichen Königs kamen ihrem Vater mit einer Flotte aus Holland zu Hülfe. Die Schottländer, welche gern die Scharte auswetzen wollten, ihren Monarchen verkauft zu haben, und viele Engländer, welche der Tyranney der Nationalarmee überdrüssig waren, geselleten sich zu ihnen; aber Cromwells Genie siegte über alles. Des Königs Anhänger unterlagen zum zweyten Mahl, und viele wurden hingerichtet.

Der Nationaloberste Pride, vor Zeiten ein Kärrner, verjagte aus dem Parlemente 157 Mitglieder, welche man im Verdacht hatte, dem Könige noch zu sehr ergeben zu seyn. Das Parlament bestand nun aus bloßen republicanisch Gesinnten, an deren Spitze der junge Vane, Siennes, Saint Jean und Martin standen, und die patriotischen Journale dieses Zeitalters ermangelten nicht, sie als die tiefdenkendsten und besten Köpfe Englands auszuposaunen. Ein Ausschuß setzte den sogenannten Volksvertrag auf, welcher den Plan zu einer Republik enthielt, die man an die Stelle der aufgehobenen monarchischen Regierungsform einführen wollte. Der ehemahlige Fleischer, jetzt Oberster der Nationalmiliz, Harrison, hohlte den gefangenen König nach London ab, um dort sein Urtheil zu empfangen. Der Präsident des Blutgerichts war Bradshaw, und unter den 129 Beysitzern befanden sich Cromwell, Fairfax und Skippon, der bekannte Rundhuth (Roundhead) der weder

lesen

lesen noch schreiben konnte, aber das Pöbelgesindel und die Fischweiber von London regierte. Sieben und zwanzig von diesen Beysitzern beschlossen in der Folge ihr Leben am Galgen, als Carl II. wieder den Thron seiner Väter bestieg. Carl I. bezeigte in seinem Gefängniß und bey seiner Hinrichtung eine so große Gleichgültigkeit, daß man nicht die geringste Veränderung, weder auf seinem Gesichte, noch in seinem Betragen bemerkte. Er starb als König.

Cromwell wurde Generallieutenant und Protector des Reiches. Zehn Jahre lang übte er die unumschränkteste Dictatur aus, und sein Genie siegte über alle Hindernisse. Jamaica wurde eine Besitzung von Großbritannien; er demüthigte die Spanier und Holländer in beyden Indien; aber mit seinem Tode stürzte das neue Gebäude der Reichsverfassung ein, das nur dem äussern Scheine nach republicanisch, aber im Grunde erzdespotisch war. Cromwell's Sohn entsagte freywillig einer Stelle, für die er, klug genug, sich nicht gemacht fühlte, und das Englische Volk, von Factionen und Anarchie ermüdet, ruhte endlich unter einer gemäßigten Monarchie aus.

„Carl I., sagt Barnard (in seiner new, and comprehensive History of England) verdiente freylich sein Schicksal nicht, allein dieß war sein Kennzug: Schwachheit und Unbesonnenheit. Er kannte die Kunst nicht, mit Anstand nachzugeben. Er versuchte die Gewalt, wo sie lächerlich war, und vergaß seiner Würde,

Würde, wo ſie ihn unterſtützte. In dieſer unglücklichen Lage mußte ihm ein Mann auf dem Wege begegnen, wie Cromwell war. So trafen die fataſſten Umſtände zuſammen; es mußte gerade damahls eine der auſſerordentlichſten Gährungen in Religions= und Staatsſachen herrſchen, gerade jeder Potentat in Europa mit ſich ſelber beſchäftigt ſeyn, mit einem Wort, gerade die Welt in einer ſolchen Criſe liegen, daß niemand dem unglücklichen Hauſe Stuart beyſpringen konnte. Mit ein wenig Königsgeiſt und ein Bißchen von der Kunſt des Magpy (ein berühmter Balanceur) hätte Carl ſein Schickſal vermieden. Denn die Zeit rächte ihn; die Nation wurde der Verwirrung des Müſſiggangs müde, das Verhängniß weckte einen Monk, und die Sachen traten von ſelbſt wieder an ihren Platz, ohne daß es Carln II. auch nur die Mühe koſtete, den Finger zu rühren.„

IX.

IX.

Ueber verschiedene Producte der Französischen Revolution.

I.

Von den Assignaten, Billets de Confiance, und neu geprägten Münzen.

Claviere war der erste Urheber des Assignaten-Projects: Mirabeau lieh ihm seine Beredsamkeit; und seine blendende Suade siegte über die Gründe der Necker,

Necker, Bergasse ꝛc. Aber die Erfahrung und der Ausgang haben letztere (nur zu hart für Frankreichs Finanzen) gerächt. Man hatte in Frankreich das Beyspiel von Law's berüchtigtem Staatsbankerut, und das noch frischere von Nord=America vor Augen, wo das Papiergeld so tief fiel, daß im April 1779, man 100 Thaler klingende Münze kaum für 4000 Dollars Papiergeld einwechseln konnte; allein die Häupter der herrschenden Partey sahen ein, daß sie, ohne dieses Auskunftmittel, den Bedürfnissen des Staats, und dem schrecklichen Deficit in der Ein=nahme, nicht würden die Spitze bieten, noch die Staatsausgaben bey dem Mangel an baarer Münze bestreiten können; es glückte ihnen also dem Publi=cum das Blendwerk vorzumachen; so wie zur Ret=tung des Etaats unumgänglich nothwendig gewesen sey, sich der Güter der Klerisey und der Königlichen Domänen zu bemächtigen, so sey es jetzt eben so unumgänglich nothwendig, wenn diese willkührlichen Anmaßungen ersprießlich und schnellwirkend werden sollten, die Gläubiger des Staats in einem Papier=gelde zu befriedigen, das auf die Nationalgüter hypo=thecirt, und beym Verkauf derselben statt baarer Bezahlung angenommen werde, folglich ihren Ver=kauf befördern und beschleunigen müsse.

Nächst den Schätzen des Bodens und der Indu=strie, sind die Metalle, Gold und Silber, welche diese Schätze überall repräsentiren, der einzige reelle Reichthum,

Reichthum, der als solcher bey allen Völkern anerkannt wird, und bey ihnen Curs hat. Vermittelst des öffentlichen, völligen und ungetheilten Vertrauens, können diese Metalle bey einer Nation ebenfalls durch Papiergeld, jedoch einzig in Bezug auf den inländischen Curs, vorgestellt werden. Ein Papier genießt eines solchen Vertrauens nicht eher, als bis es nach Willkühr, ohne den mindesten Verlust, in Gold, Silber oder Waren, auf denselben Fuß umgesetzt werden kann, als wenn man letztere bar bezahlte. Von diesem Augenblicke an, wo dieses Papier weder in bares Geld, gegen die Summe die es bedeutet, verwandelt werden kann, noch an Waren so viel einträgt, als sein Werth nach barem Gelde betragen sollte; von dem Augenblicke an ereignet sich damit der Fall, der sich immer ereignet hat, daß es nähmlich bloß einen schwankenden, von der Meinung abhängenden, Werth bekommt, welche Meinung sich nach den traurigen Veranlassungen der Entstehung dieses Papiergeldes, und nach den täglichen, daraus entspringenden Ereignissen abmißt. Gold und Silber wandern dann ins Ausland, und die Nation bleibt mit ihren fingirten Reichthümern dem Mangel und Elende überlassen. Ist nun diese Nation ein Raub politischer Unruhen und der Drangsale der Anarchie und Verwirrung, so wird sie in ihrem blinden, thörichten Zutrauen, und von Parteygeist gespornt dieses Papiergeld bis zum Uebermaß vervielfältigen und vermehren, bis der Fanatismus

tismus seiner Lobredner durch die traurige Erfah:
rung bekehrt wird, oder von selbst verfliegt, und nun
den Abgrund vor Augen sieht, den er sich gegra:
ben hat.

In dem Augenblicke wo ich dieses schreibe (Ju:
lius 1792), sind für 1800 Millionen Assignaten (die
falschen ungerechnet) in Frankreich in Umlauf; sie
verlieren auf dem Platz gegen klingende Münze, 60
pro Cent, und Personen, welche bares Geld suchen
und in starken Summen benöthigt sind, müssen sich
zu noch größeren Einbußen entschließen, und 80 und
mehr pro Cent fallen lassen. Eben deßwegen steigen
auch die Grundstücke zu einem ungeheuern Werth.
Ein Haus, das Verständige 40000 Livres schätzten,
wurde neulich für 127,000 verkauft; so groß ist bey
jedem das Verlangen, sein Papiergeld, oder seine
Assignate sich vom Halse zu schaffen. Die Revolu:
tionäre behaupten dagegen, daß das Volk die As:
signaten als eine Frucht der Revolution, und als
das Schild der Freyheit betrachten, und also aufrecht
erhalten müsse, und daß wenig daran gelegen sey,
zu welchem Preise diese Papiere circuliren, wenn
sie nur im Umlauf sind. Sie vertreten so wenig:
stens immer die Stelle des baren Geldes, welches
verschwindet oder sich verkriecht, und — ça ira.

Es ist ein unverbrüchlicher angenommener Grund:
satz unter Negotianten, so bald die Papiere eines
Hauses auf dem Platz verlieren, so bald fängt es an,
höchst

höchst zweydeutig zu werden, ob dieses Haus noch in zahlbarem Stande sey; nimmt man aber diese Papiere gar nicht mehr an, sucht jeder sich davon los zu machen, so ist sein Bankerut vor der Thüre. Ich kann unmöglich glauben, daß in dem Stücke die Nationen ein Vorrecht haben sollten. Im Grunde wäre also die Assignaten-Ausgabe nichts weiter, als ein verdeckter und täglicher Bankerut. Law's berüchtigte Billette verloren zur Zeit ihrer größten Nullität, nicht mehr als 28 von hundert im Handel und Wandel. Sie hatten so gut ihre Hypothek als die Assignate; denn der Ertrag der Generalpacht, der Tabaks-Pacht und des Ost- und Westindischen und Africanischen Handels, alle Einkünfte des Reichs, und das Vorrecht Geld münzen zu dürfen, waren zur Hypothek der Lawschen Billette angewiesen. Man beschloß ebenfalls im Anfange nur die Ausgabe einer geringen Summe, und stieg zuletzt damit bis zu Billionen. Kurz, die Lawschen Billette und die Assignate der Revolution, haben eine Aehnlichkeit, die nicht weiter getrieben werden kann. Man braucht kein Oedip zu seyn, um den Ausgang zu enträthseln, den der Credit der Assignate über kurz oder lange nehmen wird.

Guadet, ein Jacobiner, gestand vor einiger Zeit in der N. V., daß die Güter der Clerisey und die Domänen bis auf zwölf Millionen verzehrt wären, und daß man also nun zum Verkauf der National-Forsten

Forsten schreiten müsse. Da die Quellen der alten Einkünfte verstopft oder aufgehoben sind, die neuen *) nicht einkommen, und die Staatsausgaben täglich fortgehen und sich vermehren, so daß das Deficit eines Monaths jetzt mehr beträgt, als das Deficit eines ganzen Jahres vor der Revolution; so müssen diese Lücken durch Assignate ersetzt werden, und statt daß letztere zur Befriedigung der Staatsschulden dienen sollten, werden sie als Vorschüsse verschwendet.

Bey einer Sache von der Wichtigkeit, wie die Bestimmung und Schätzung des Werths der Nationalgüter ist, herrscht ein Leichtsinn, eine Ungewißheit, die ganz das Gepräge des Schwankenden und der Sorglosigkeit in den Operationen der herrschenden Parten führt. Ein Beyspiel: Montesquieu in seinem Bericht an die Nat. Vers., schlug die National=Forsten auf 3,338261 Arpens, und ihren Werth auf 600 Millionen Livres an. Cambon in seinem Rapport von diesem Jahre, schlägt sie an auf 4,500000 Arpens, und den Werth auf 1,350 Millionen. Die Differenz ist ein wenig groß; und wem soll der Schuldner nun glauben?

Unter

---

*) Den 31. März 1792 hatten von 40,615 Municipalitäten, nur 14,497 ihre roles des contributions foncieres eingereicht; Paris allein war mit 20 Millionen rückständig. Dupont bewies den 10. Julius 1792 in der N. V., daß sich das monathliche Deficit auf 48,795767 belief, welches jährlich die ungeheure Summe von 585 Millionen 561204 Livres ausmacht.

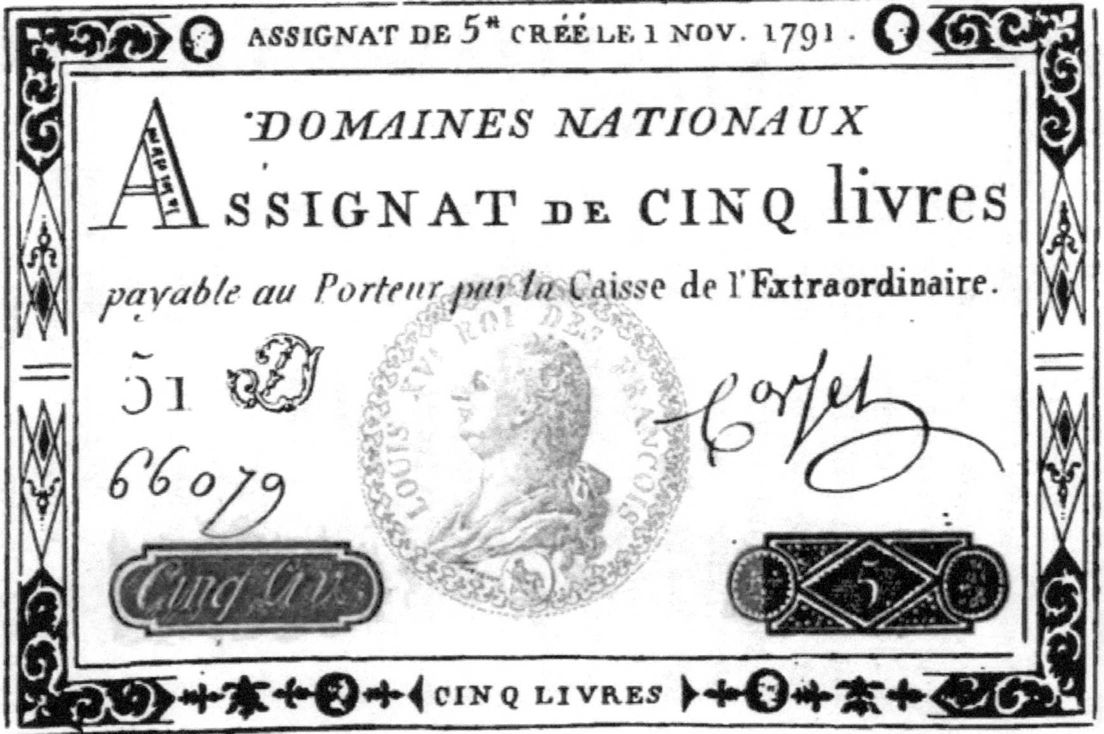

ASSIGNAT DE 5ᵗ CRÉÉ LE 1 NOV. 1791.

DOMAINES NATIONAUX

ASSIGNAT DE CINQ livres

payable au Porteur par la Caisse de l'Extraordinaire.

CINQ LIVRES

Cinq lis

5

Unter den Einwürfen der Gegner der Assignate, (Einwürfe, welche die beste Lehrmeisterinn, die Erfahrung, alle ohne Ausnahme gerechtfertigt hat), war die Leichtigkeit des Nachahmens, einer der vorzüglichsten. Vergebens wappnete man diese Assignate mit Zeichen und Marken; vergebens verwendete Didot, der durch seine schöne Lettern berühmte Didot, die höchste Kunst in seinem Fache auf sie; vergebens erfand sein Bruder, mit Zuziehung von Naturforschern und Chemikern, einige ganz neue Proceduren, in Verfertigung der Papierart; vergebens wetteiferten die Künstler, durch neue Maschinen kunstvolle Stempel zu erfinden, wovon der Stempel des einen (des Barthelet) aus Splittern zusammen gesetzt war, deren zufällige Resultate der Erfindungskünstler selbst nicht nachahmen konnte. — — Es blieb doch bey der alten Wahrheit, was ein Mensch gemacht hat, kann ein anderer Mensch nachmachen: Frankreich ist mit falschen Assignaten zu vielen Millionen überschwemmt; sonderlich werden die Assignate von 5 Livres nachgemacht. Ich habe ein solches Assignat, zu besserer Erläuterung, in Kupfer stechen lassen.

Die Billets de confiance sind Privat-Unternehmungen. Verschiedene Privatpersonen errichteten Caisses de secours, caisses patriotiques, welche einen schönen Nahmen, aber weder Garantie, ja selbst nicht ein Mahl Autorisation hatten, und bestimmt waren, sonderlich der unteren Classe des Volks, den

Umsatz

Umsatz der Assignate, in kleinere Summen, von 20, 15, 10 und 5 Sous, zu erleichtern. Die wahren oder supponirten Fonds, welche zur Sicherstellung der ersten Ausgaben dieser Billets de Confiance, von den Ausfertigern der letztern, niedergelegt seyn sollten, sind aber von der Obrigkeit nie verificirt oder in Aufsicht genommen worden. Wenn man also auch annehmen wollte, daß dieser Fonds im Anfange hinreichend gewesen sey, die Ausgabe der ersten Billets zu decken, so würde doch nicht daraus folgen, daß er auch noch jetzt dazu hinreiche. Niemand kann dafür bürgen, daß nicht durch die Leichtigkeit diese Billets bis zu ungeheuren Summen zu vervielfältigen, dieser Fonds schon zehn Mahl und hundert Mahl erschöpft worden wäre. Der Bankerut verschiedener dieser Caisses ist davon Beweis. Die Nat. Vers. hat sich sogar vor einiger Zeit genöthigt gesehen, eine solche bankraute Casse mit sechs Millionen zu unterstützen, um einem Aufruhr unter dem Pariser Pöbel vorzubeugen. Diese Billets sind theils auf farbiges Papier, theils auf Pergament gedruckt, und Bucquet, Vaillard, Guillaume ꝛc. nach den Nahmen der Eigenthümer dieser Caisses unterzeichnet. Weil man auf Verfertigung solcher Billets nicht so viel Fleiß und Kunst wie bey den Assignaten verwendet, so ist ihre Verfälschung ungleich leichter, und die Anzahl der cursirenden Afterbillets noch größer. Man rechnet, daß in Paris allein für 20 Millionen solche Billets de confiance circuliren; die nachgemachten

ten ungerechnet. Die Commis der Bureaux dieser Caisses verfahren sehr despotisch. Sie haben sich das Recht angemaßt, eigenmächtig über die Güte und Falschheit der ihnen präsentirten Billets zu entscheiden, und diejenigen, welche sie für falsch erklären, zu durchstreichen, und so zu annulliren. Da sich der Fall ereignet hat, daß sie Billets für falsch erklärten und mit einem Federstriche executirten, die man vor wenigen Stunden aus ihren eigenen Händen empfangen hatte, so ist ein solches Verfahren um so empörender und ungerechter. Sehr wahr sagt Linguet in der 177. Nummer seiner Annalen: "Es "wird eine Zeit kommen, wo der hungrige Haufen, "der weiter nichts als Guillaumes, Veillards, Buc-"quets im Sacke hat, um sich sein tägliches Brot "zu schaffen, vor diesen verrufenen Nahmen die Laden "der Becker sich verschließen, und das Getreide vom "Markte verschwinden sehen wird; aber was für "ein Schicksal erwartet dann nicht bloß den gemei-"nen Mann, sondern uns alle?" —

Wie sehr Neuheit und Neuerung auf die Neu-Franken wirke, und bey ihnen die Stelle der bündigsten Beweise vertrete, davon ist die unglaubliche Chimäre der Speculation des Herrn Potin-Vauvineux ein auffallendes Beyspiel. Er machte unter dem Schutze der Jacobiner und einiger angesehenen Factionsmänner, welche Actien bey dem Unternehmen hatten, bekannt, daß er alle Assignate für voll anneh-

annehmen, und bares Geld, doch unter gewissen Bedingungen, dafür auszahlen wollte.

Nähmlich, sieben Personen bringen dem Herrn Potin-Vauvineux jede 21 Livres bar, und empfangen dafür ein Billet oder Nummer. Von diesen sieben Mahl 21 Livres (147) zahlt er an eine von den 7 Personen 100 Livres gegen Assignaten von gleichem Betrag, und noch 21 Livres, und beide Summen bar. Er behält also in Casse 100 Livres an Assignaten und 26 Livres an Geld. Er verpflichtet sich, der zweyten von den 7 Personen ebenfalls so viel zu bezahlen, so bald noch 6 Personen gleichfalls jede 21 Livres in die Bank erlegt haben würden. Vom seinem Benefiz bestimmt er 10 pro Cent der Nation oder der Nationalversammlung, 5 pro Cent der Münze, 3 pro Cent zu guten Werken, und den Ueberrest streicht er für seine Mühe und seine Kosten ein. Es verlohnt sich der Mühe, die Progression dieser Berechnung weiter zu verfolgen.

Der erste Interessent wird bezahlt, wenn sich noch sechs solcher Pränumeranten, wie er, eingefunden haben; diese 6 werden bezahlt, wenn ihrer 42; die 42, wenn ihrer 294; die 294, wenn ihrer 2058; die 2058, wenn ihrer 14,406 sind. Nimmt man an, daß die Zahl der Pränumeranten oder Spieler sich die Woche auf 14,406 beliefe, als so viel erfordert werden, um den 5ten Einsatz zu bezahlen, so würden diese 14,406 ihre Zahlung erst in 1 Monathe und

und 19 Tagen erhalten; diejenigen, von deren Einlage sie bezahlt worden, würden erst nach Verlauf von 11 Monathen und 13 Tagen ihr Geld wieder empfangen; und die Summen, welche gedient hätten, um die 9te Einlage zu erstatten, würden erst nach 326 Jahren 9 Monathen und 19 Tagen ersetzt werden können. Wir wollen, um die Sache noch besser ins Licht zu setzen, annehmen, daß in der ersten Woche 100 Spieler Billette gelöset, und also an Assignaten oder barem Gelde 12,100 Livres zur Casse geschossen hätten: so müssen, wenn die Wiederbezahlungen ihren Gang fortgehen und nicht stocken sollen, in der 2ten Woche 84,700 Livres einkommen; in der dritten 592,500; in der vierten 4,150,300; in der fünften 29,052,100; in der sechsten 203,346,700; in der siebenten 1,423,552,900; in der achten 9,964,870,300; kurz, in der zwölften Woche, das ist, noch vor Ende des dritten Monaths, müßte Frankreich so viel Thoren zu 21 Livres enthalten, daß sie dem Herrn Potin=Vauvineux die Summe von 23,925,643,590,300 Livres vorschießen könnten.

Sollte man wohl glauben, daß selbst in der Nationalversammlung es dem gesunden Menschenverstande nur mit Mühe gelungen ist, diesem augenscheinlichen Hirngespinste von einem Projecte die National=Sanction zu entziehen?

Unter dem neu geprägten cursirenden Gelde zeichnen sich die Monnerons aus. Es gibt deren zwey Arten; ich habe die eine auf dem Titelblatte dieses Almanachs abbilden lassen; die zweyte ist größer, um einige Sols höher an Werth, und stellt statt der sitzen=

den Figur ein Bundes-Fest von Kriegern in alter Rü=
stung vor. Die Aufschrift ist die nähmliche. Diese
Monnerons gleichen ganz den schönen Englischen Kup=
fer=Marken. Die Gebrüder Monneron haben ban=
kerot gemacht. Der eine Bruder, welcher Deputirter
bey der Nationalversammlung war, legte seine Stelle
nach diesem traurigen Vorfalle nieder. Das Schicksal
des zweyten Bruders ist ungewiß. Er verschwand;
ob durch Selbstmord oder Flucht, blieb unbekannt.
Er ging mit einem Negerknaben, den er sehr liebte
und erzogen hatte, ins Gehölze von Boulogne, schickte
ihn, nachdem er ihm gleichsam seinen Segen gegeben,
nach Paris zurück, und verlor sich im Gebüsche. Die
Nation hat Solstücke von Silber (wozu größten Theils
die Schnallen-Geschenke verwendet wurden) von 30 und
15 Sols schlagen lassen. Ein solches silbernes 30 Sols=
stück ist vor diesem Aufsatze abgebildet; die zweyte
Münze, welche die Schluß=Vignette macht, ist von
Glockenmetall, und von einem sehr schlechten und flachen
Gepräge. Die neuen Sechs=Livres=Thaler haben eben
das Gepräge, wie die 30 Solsstücke.

2.
Die Guillotine oder die neue Kopf=Maschine,
nebſt

der Conſultation des Scharfrichters und dem Reſponſum der chirurgiſchen Academie.

Man wird ſich erinnern, daß die weiland conſtitutionirende Nationalverſammlung, in ihrem Alles umſchaffenden Paroxyſm, die Todesſtrafen nicht beſſer als das Uebrige behandelte. Gravitätiſch wog ſie die wichtige Frage ab, ob bey einem zum Tode Verurtheilten der Strick oder das Beil ſich am beſten mit der Würde des Menſchen und der Conſtitution vertrüge; und gravitätiſch decretirte ſie, daß das ſchneidende Werkzeug ungleich conſtitutionsmäßiger ſey, als die erdroſſelnde Schlinge, und daß es ſich weit beſſer für ein freyes Volk ſchicke, große Uebelthaten durch den Verluſt des Kopfes, als durch den Verluſt des Athemhohlens zu büßen.

Glücklicher Weiſe hatte unter dieſen Denkern von Geſetzgebern ein großer Arzt ſeinen Sitz, deſſen Nahme zwar vorher ganz obſcur geweſen war, der aber begierig dieſe Gelegenheit ergriff, ſich einen glänzenden Nachruhm zu erwerben. Guillotin, ſo hieß dieſer Schüler des Aeſculaps, ſann tiefſinnig über den patriotiſchen Gegenſtand nach, und fand, daß ein ſcharfes, zwiſchen die Halsgelenke geſchobenes Eiſen das allerconſtitutionsmäßigſte, weiſeſte und zugleich anatomischeste Mitel sey, welches man dazu anwenden könnte. Zu gleicher Zeit fand er aber auch, daß dieses Eisen, von Menschenhand geführt, nicht Kraft genug haben, und über dieses eine Art Meuchelmord seyn würde, welchen der medicinische Lycurg verhüten wollte. Er vermehrte also seine Erfindung durch eine Maschine, die eben so leicht Köpfe vom Rumpfe sondern könne, als das Druckwerk beym Münzen Köpfe auf Metall prägt.

Seine Erfindung war eigentlich ein bloßes Plagiat. Denn seit undenklichen Zeiten ist diese, die Gelenke des Halses sondernde Maschine in Persien in Gebrauch. Unterdessen machte sie in Frankreich ihr Glück. Die Nationalversammlung ertheilte der neuen Köpf-Art das Bürgerrecht.

Von allen Beamten der alten Regierungsform hatten die Scharfrichter allein ihre alten Würden unverletzt, und folglich auch ihre alten Vorurtheile erhalten. Erdrosseln dünkt ihnen das Alternatürlichste und Leichteste von der Welt; hingegen das Wort Köpfen macht, daß ihnen die Hand zittert; und so ließ das zärtliche, mitleidsvolle Herz des Nachrichters von Paris ihm keine Ruhe, bis er sich vor den Schranken der Nationalversammlung einfand, und seine Scrupel in ihrem Schoße ausschüttete. Er stellte vor, „daß er zwar der dienstwilligste An„hänger der weisen Versammlung von Gesetzgebern „sey, und daß sie jeden Augenblick, wo sie seiner
„hoch=

„hochnothpeinlichen Dienste benöthigt seyn würde, über
„ihn befehlen könne; daß er aber nicht so viel Er=
„fahrung in Sonderung der Halsgelenke, als in ihrer
„Zusammenschnürung besäße, und folglich fürchten
„müsse, einem armen Sünder wehe zu thun, wenn
„er ihn nach den Vorschriften der Constitution be=
„handele. Er bäte also, die Nationalversammlung
„möchte, kraft ihrer Allmacht, durch einen ihrer wei=
„sen Rathschlüsse entweder sein Herz verhärteter, oder
„seine Hand fester machen.„

Eine andere Versammlung würde diese sonder=
bare Petition vielleicht als eine Persiflage und als
eine ärgerliche Impertinenz ausgelegt, oder nach dem
ein Mahl üblichen Herkommen, alle Petitionnäre an
eine Comité zu verweisen, den unerfahrnen Kopf=
Abschlager an den Unterweisungs=Ausschuß verwiesen
haben. Allein statt dessen verwies ihn die National=
versammlung an die königliche Academie der Wund=
arzneykunst, mit dem Befehl, ihr von dem erhalte=
nen Responsum Bericht abzustatten.

Louis, der Secrétaire perpetuel dieser Academie,
lebte damahls noch, und ergriff diese Gelegenheit be=
gierig. Er stellte auf die nachrichterliche Consultation
ein Gutachten aus, dessen burleske Gravität vielleicht
seines Gleichen nicht in den Archiven des Pedantis=
mus findet.

„Jedermann weiß, hebt er seinen Spruch an,
„daß schneidende Werkzeuge wenig oder keine Wir=
„kung

„kung thun, wenn sie senkrecht treffen. Denn wenn
„man sie durch ein Vergrößerungsglas betrachtet,
„so sieht man, daß es bloß mehr oder minder feine
„Sägen sind, welche man glitschend auf den Körper
„wirken lassen muß, den sie trennen sollen. Man
„würde mit einem Beil oder Schwert, dessen Schneide
„geradlinig wäre, nicht mit einem einzigen Streiche
„ein Haupt abschlagen können, aber mit einer con-
„vexen Schneide, wie bey den alten Streitäxten,
„wirkt der geführte Streich nur senkrecht im Mittel-
„puncte des Halbmessers, und das Instrument, in-
„dem es eindringt, hat glitschend auf den Seiten
„eine schiefe Wirkung, und erreicht so sicher seinen
„Endzweck."

„Wenn man den Bau des Halses betrachtet,
„von welchem die Wirbelbein-Säule das Mittel aus-
„macht, die aus verschiedenen Beinen besteht, deren
„Verbindung Uebereinander-Salzungen bildet, so
„daß man keine Fuge auszuspähen im Stande ist,
„so kann man unmöglich auf eine schleunige und
„völlige Trennung gewiß rechnen, so bald man solche
„einem Vollzieher anvertraut, dessen Geschicklichkeit
„durch moralische oder physische Ursachen einem Wech-
„sel unterworfen bleibt. Es wird zur Unfehlbarkeit
„der Procedur nothwendig erfordert, daß solche von
„mechanischen unveränderlichen Kräften abhange,
„deren Stärke und Wirkung auf das genaueste be-
„stimmt werden könne. Man hat diese Todesart in
„England eingeführt. Der arme Sünder wird auf
„den

„den Bauch zwischen zwey Pfähle oder Pfosten „gelegt, die oben durch ein Querholz verbunden „werden, von welchem man das convexe Beil „auf den Hals herab fallen läßt. Der Rücken des „Instruments muß stark und schwer genug seyn, „um gehörig wirken zu können, ungefähr wie der „Fallbock beym Pfähle-Einrammen wirkt. Es ist „bekannt, daß seine Kraft sich in dem Maße der „Höhe multiplicirt, aus welcher er herab fällt.„

„Man kann also leicht eine ähnliche Maschine „verfertigen, deren Wirkung dann unfehlbar seyn „wird. Die Enthauptung wird alsdann dem Geiste „und Wunsche des neuen Gesetzes gemäß in einem „Augenblicke vollbracht. Man kann die Probe da= „von an todten Leichnamen oder an einem lebendi= „gen Schafe machen. Man müßte untersuchen, ob „es vielleicht nöthig wäre, den Kopf des armen „Sünders durch einen halben Mond zu fixiren, wel= „cher den Hals unmittelbar bey der Basis der Hirn= „schaale umspannte. Die Spitzen der Verlängerun= „gen des halben Mondes könnten unter dem Schaf= „fotte durch Vorsteck=Keile befestigt werden. Der „ganze Apparat, wenn er erforderlich wäre, würde „keine Sensation erregen, und kaum bemerkt werden. „Ausgefertigt zu Paris den 7. März 1792. Louis, „beständiger Secretär der chirurgischen Academie.„

Auf dieses eingereichte Gutachten decretirte dann die Nationalversammlung, daß die Hinrichtungen

von nun an auf dieſe Art vollzogen, und die aus=
übende Gewalt autoriſirt werden ſollte, den erfor=
derlichen Koſten=Aufwand zu machen, um dergleichen
Maſchinen durch das ganze Reich einzuführen.

Um nun die Departements und Municipalitäten
mit ſolchen neuen tragbaren Executions=Maſchinen
zu verſehen, welche conſtitutionmäßig allen die Köpfe
vor die Füße legen, die, in einem Diſtricte ſich die=
ſes Conſtitutions=Todes würdig machen, würde es
nur der kleinen Summe von 6 bis 7 Millionen Li=
vres bedürfen. In Paris iſt bereits eine Hinrich=
tung mit der Guillotine geſchehen. Prudhomme in
ſeinem Journal (May 1792) hatte den Jacobiner=
Witz, folgenden Vers des Malherbe zur Inſchrift
für die Guillotine vorzuſchlagen:

Et la garde qui veille aux barrieres du Louvre,
N'en défend pas nos Rois.

3.
Die Piquen und rothen Mützen.

Die Pique ist eine sehr alte Waffe, deren Erfinder bey den Griechen die Spartaner waren; der Phalanx der Macedonier war nichts weiter, als ein Haufen von Piquenirern, welche Piquen von 21 Fuß Länge führten. Die Lanze oder Pique scheint mit der Streitkolbe und dem Schwerte unter die primitiven Waffen aller Völker im Stande der Natur zu gehören; deßwegen findet man auch die wilden Nationen damit gerüstet. Bey den Europäischen Heeren wurde sie unter Ludwig XIV. abgeschafft, weil man ihre Unnützlichkeit seit Erfindung des Feuergewehrs einsah. Das Bajonet trat an ihre Stelle.

Die Philosophen des Palais Royal und der Jacobiner=Tribunen haben dieses Gewehr in unsern Tagen wieder in seine alte Glorie einzusetzen gesucht, und es ist ihnen wenigstens bey den Forts de la Halle gelungen. Da sie sich selbst so bescheiden den Spartanern und Römern gleich setzen, so wollten sie (uneingedenk der Kartätschen= und Kugelsaat unserer neuen Kriegskunst, vor welcher Piquen und Piquenirer zerstäuben wie Spreu, welche der Wind zerstreuet,) auch wie die Alt=Griechen gewaffnet seyn. Die Autorität der größten Feldherren und Krieger neuerer Zeiten, welche die Piquen verwarfen, galt ihnen nicht so viel, als die Autorität eines Journal=

Schrek

Schreibers, des berüchtigten Carra, der in seinen Annales patriotiques zuerst auf Verfertigung der Piquen antrug, und sogar Modelle davon angab, die man nach ihm Piques à la Carra genannt hat. Boscary, Deputirter bey der Nationalversammlung, der vor kurzem bankerot machte, verschwendete einen großen Theil seines Vermögens, indem er Piquen für das Volk verfertigen, und den Pöbel in seinem Hofe damit exerciren ließ. Die Form dieser Piquen ist sehr verschieden; ich habe die gewöhnlichsten, die Carra=Piquen, am Schlusse dieses Paragraphen abbilden lassen. Die übrigen führen zum Theil drollige Nahmen, die ich in ihrer Ur=Benennung hersetzen will, weil sie in jeder Uebersetzung verlieren würden. Da gibts Piques à feuille de Laurier, à trefle, à carlet, à coeur, à broche, à langue de serpent, à fourches, à stilet, à poignard, à hache d'armes, à ergots, à cornes tranchantes, à lame, à vive arrête, à crocs hérissées d'épines, de fer (um, wie die Dilettanten der Faubourgs sagen, das Eingeweide damit desto besser heraus reissen zu können), viele sind mit der Devise Mort ou Liberté und mit kleinen National=Fähnlein geziert. Die Stange ist 14 Fuß lang, und eben diese Länge macht sie noch unsicherer und schwerer in der Füh= rung, und folglich auch unschädlicher. Ein Officier, der sich einen Freund der Freyheit nennt, hat eine Broschüre (bey Buisson 1792. in Octav) drucken las= sen, die er Manuel du citoyen armé de piques beti=
telte,

telte, und der zwey Kupfertafeln beygefügt sind, auf welchen verschiedene Arten von Piquen, die Schwenkungen der Piquenirer und auch eine Verschanzung vorgestellt werden, und wo zur Freude aller Badauds von Paris gar schön und deutlich zu schauen ist, wie ein Piquenirer mit seinem breiten Spießeisen die Flintenkugel eines Oesterreichischen Musketirs parirt, indessen sein Camerad einen andern Oesterreicher Knall und Fall niederschießt — versteht sich, nur auf dem Papiere!

Die rothen Mützen haben nichts Ausserordentliches, als das Glück, das sie bey dem Wölflein der Jacobiner machten. Seit der König sich am 20. Junius damit schmücken lassen mußte, scheinen sie die höchste Stufe ihrer Glorie erreicht zu haben. Sie sind von Wolle, und haben ganz die Gestalt der gewöhnlichen Mützen. Sie sollen wahrscheinlich ein Symbol des bonnet de la Liberté seyn, allein ich glaube, daß man sie so wohl in Bezug auf die Köpfe, welche sie decken, als auf den Gebrauch, den man von ihnen macht, weit füglicher mit gewissen Kappen vergleichen könnte, die eben nicht zu dem ehrenvollesten Schmuck gehören. Im März 1792 kam die Frau eines Trommelschlägers der Vorstadt St. Antoine mit einer Tochter in die Wochen. Der berüchtigte Fauchet, Bischof von Calvados und Sieger der Bastille (weil er einer von denen ist, welche über die auf Capitulation niedergelassene Brücke ins Schloß drangen), taufte das Kind, und legte ihm den Nahmen Pethion-Nationale-Pique bey. Der Vater schwur den
Bürger-

Bürger-Eid in der Tochter Nahmen. Eine Bastillen-Fahne und eine rothe Mütze zierten den Taufstein; man spielte statt des Gebets während der Feyerlichkeit das patriotische ça ira, und der Bierbrauer Santerre, der König der Vorstadt St. Antoine, gab einen großen brüderlichen Schmauß.

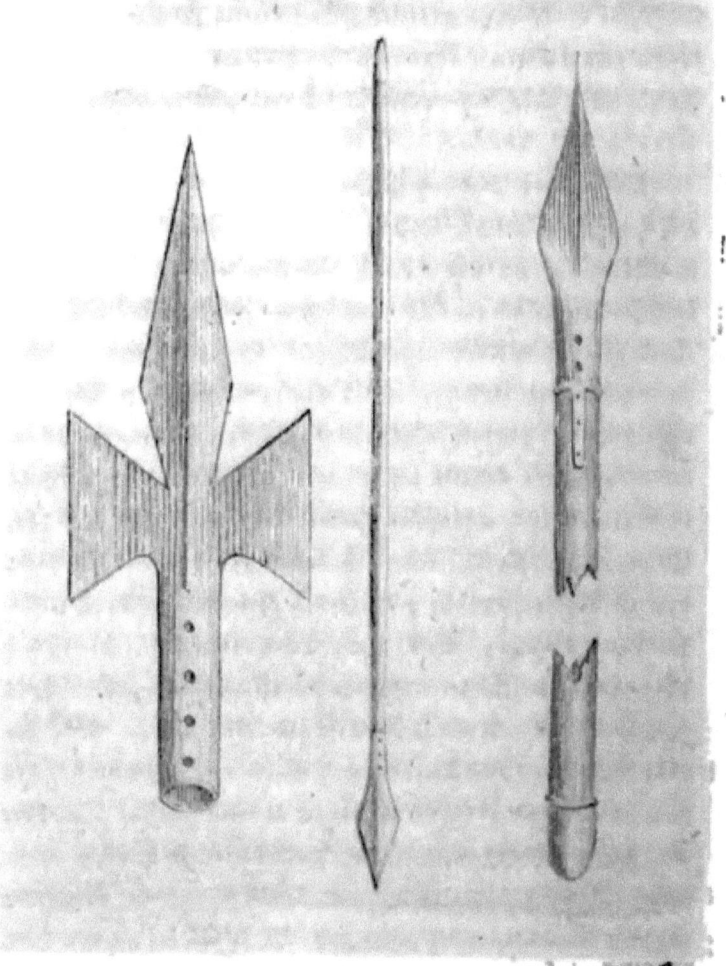

4.

4.
Die Jacobiner:
Schilderung einiger Häupter und Obern.

Schon lange vor dem Ausbruche der Revolution existirte zu Paris eine Zusammenkunft von einigen hellen und kühnen Köpfen, die einen Theil der Entwürfe brüteten, deren Vollstreckung ihnen in der Folge über alle Erwartung gelang. Graf Mirabeau, Herzog von Lauzün und Abbé Perigord, der nachherige Bischof von Autun, waren die Haupt-Coryphäen dieser Gesellschaft. Ein Freund, der in ihrem Zirkel lebte, versicherte mir bey meinem Aufenthalte zu Paris 1786, daß er sie oft von Planen und Dingen reden höre, deren Kühnheit und Größe ihn in Erstaunen setze. Er wollte mir zwar nicht entdecken, worin diese Dinge beständen, allein bey meinem Abschied ermahnte er mich, nach meiner Rückkehr in meine Heimath eingedenk dieses Winkes zu seyn, weil man bald aus Frankreich von Begebenheiten hören würde, die man nie von dort her erwartet hätte. Das alles war mir ein Räthsel. Als aber drey Jahre darauf die Revolution ausbrach, erinnerte ich mich dieser Sage meines Freundes, und es dünkte mir wahrscheinlich, daß schon damahls von dergleichen die Rede gewesen seyn müsse. Nach der Zusammenberufung der Stände wirkte diese Gesellschaft unter dem Nahmen Comité Breton mächtig auf die Nation, und hätte der Hof nicht selbst zufällig durch

durch Neckers Verabschiedung das Signal zum Ausbruch gegeben, so würde das Comité Breton die Mine durch andere Mittel haben springen lassen. Den Nahmen Jacobiner bekam die Stamm= oder Mutter=Loge von dem ersten Orte ihrer Versammlung nach der Revolution, von der Kirche der Jacobiner in der Honoree=Straße. Jetzt, da diese Kirche als Nationalgut verkauft ist, versammeln sich die hitzigsten und eifrigsten vorzüglich zu St. Roche.

Der Nahme Jacobiner ist in der Geschichte berüchtigt. Die Jacobiner waren die Väter des Inquisitionsgerichts, eines Vorbildes der Comités des recherches et de surveillance der Pariser. Ein Jacobiner=Mönch war Heinrichs III. von Frankreich Meuchelmörder *), und sein Superior, der sehr ehrwürdige Vater Bourgoin, ebenfalls ein Jacobiner, wurde gehangen. Man weiß, daß der Erzbischof von Aix nach Heinrichs Ermordung den Vorschlag that, den Nachrichter als Jacobiner zu kleiden. Die Benen-

---

*) In einer Sitzung der heutigen Jacobiner wurde Clement's, des bekannten Meuchelmörders, Dolch, womit er den Mord vollzog, der Gesellschaft als ein Opfer dargebracht. So zeigte unser Landsmann Kurz, der sich den gelehrten Nahmen Curtius beygelegt hat, den Parisern das Hemd Heinrichs IV. mit dem beurkundeten bluthespritzten Loche vor, wo das Mordmesser eindrang: die Speculation war bey dem Mord= und Blutgeist, der die Neu=Franken beseelt, sehr einträglich für unsern Landsmann.

Benennung Jacobiner hat seit der Französischen Revolution eine ganz andere Bedeutung bekommen, als ihr der alte Sprachgebrauch anwies. Sie hat gleiches Schicksal mit den Wörtern Nation, Philosophie, Patriotismus, Freyheit, Wiedergeburt, Gesetzgeber, Constitution gehabt. Man sagt, die Güter der Clerisey und der Ausgewanderten gehören der Nation, ungefähr wie man sagen würde, die Börse des Reisenden gehört dem stärkern Räuber. Die National=Freyheit bevölkert die Gefängnisse von Orleans mit Unschuldigen. Frankreich hat weder Geld, noch Sicherheit, noch Credit, noch Soldaten, noch Handel und Colonien mehr, und man heißt das eine Wiedergeburt. Maurer reissen ein Haus nieder, und man ruft: Es sind Gesetzgeber. Ein Armer, an Händen und Füßen Gelähmter wird ins Spital getragen, und man schreyt: Da geht die ausübende Macht. Aus Toleranz geisselt man die Nonnen und Weiber in Klöstern und Kirchen, und erwürgt die Geistlichen. Den Brand einer adeligen Burg und die Eisgrube zu Avignon betitelt man constitutionsmäßige Handlungen: und so haben die ehrwürdigsten und wichtigsten Wörter sich einer ganz entgegen gesetzten Anwendung unterwerfen müssen.

Der wahre Regent von Frankreich sind die Jacobiner. Sie sind Monarch, Nationalversammlung, Constitution, Gesetz, kurz Alles. Tausende mit dem

Stamm: Club zu Paris enge verbrüderte Clubs, theilen sich in Frankreichs Verwaltung. Mirabeau starb, als er es wagte, sich von ihnen trennen zu wollen, und la Fayette, Bailli, Barnave, Lameth, Duport, sahen sich der Volksgunst beraubt, so bald sie sich erkühnten gegen den Einfluß der Allmächtigen sich zu sträuben.

„Organisée comme un empire à part, (sagt la Fayette von ihnen in seiner merkwürdigen Adresse) dans sa métropole et ses affiliations, aveuglement dirigée par quelques chefs ambitieux, cette secte forme une corporation distincte au milieu du peuple François, dont elle usurpe les pouvoirs, en subjuguant ses représentans et ses mandataires."

„Hier, fährt er fort, hier wird in öffentlichen „Sitzungen Anhänglichkeit an die Gesetze, Aristo„cratismus gescholten; hier finden Desille's Mörder „Triumphe, und Jourdan's Bubenstücke Beschöniger; „hier hat noch kürzlich der Meuchelmord der die „Stadt Metz entehrte, lauten, teuflischen Beyfall „erhalten."

Ein sehr interessantes, obgleich in Deutschland fast unbekanntes Journal, ist das Journal des débats des Jacobins. Dieses Journal muß man lesen, wenn man Beweise sammeln will, daß nichts so abscheulich, so aberwitzig, so toll, so frevelnd sey, was nicht unter diesen Revolutionären Beyfall, Gehör und Belohnung findet.

In

In diesen Gesellschaften triumphiren Irreligiosität, Atheismus. Stolz heben sie ihr Haupt empor, und nennen sich Denkfreyheit. Als in der Jacobiner-Sitzung zu Paris vom 26 März 1792 Roberspierre eine Adresse an das Französische Volk vorlas, worin die Zeile vorkam: die Vorsehung wachte über uns, erregte das Wort Vorsehung ein allgemeines Scandal. Der Deputirte Guadet, ein bekannter Brauskopf, schalt seinen Collegen Roberspierre wacker aus, und beschuldigte ihn, daß er das Volk wieder unter das Joch des Aberglaubens zwingen wolle. Roberspierre wollte sich entschuldigen, und machte nur Uebel ärger. Vergebens bedeckte sich der Präsident; er war nicht im Stande die Societät mit der Vorsehung auszusöhnen, und mußte die Versammlung aufheben. Durch eine besondere Schikkung dieser Vorsehung fügte es sich, daß eben Herr Gobet, Erzbischof von Paris, an diesem Tage die Präsidentenschaft versah. Im Schoße dieses Jacobiner-Clubs werden die Decrete der Nat. Vers.; die Adressen und Motionen geschmiedet, und im Nahmen von Provinzen und Städten, die kein Wort davon erfahren haben, mit Unterschriften versehen und ausgefertiget. Frohlockend stellen dann unsre Deutschen Revolutions-Schriftsteller diese Adressen und Motionen, als Zeugnisse der Einstimmigkeit und Vorliebe des ganzen Französischen Volks für ein neumodisches Machwerk auf, und Tausende von gutherzigen Leichtgläubigen beten es ihnen nach. Oft ereignen

ereignen sich aber bey Gelegenheit solcher Jacobiner=
Fabricate drollige Misverständnisse und Quidproqus.
Am 26 Junius 1792 z. B. wurde in der N. V. eine
Adresse von 3,054 Activbürgern der Stadt Grenoble
vorgelesen, die doch nur 2100 Activbürger hat. Sie
sollte zu Grenoble, 69 Deutsche Meilen von Paris,
am 19ten gegen das Veto ausgestellt worden seyn,
das am Abend des 18ten, das heißt, 12 Stunden
vorher, zu Paris den beiden berufenen Decreten ertheilt worden war. Die Prête-noms von Grenoble
trugen, unter dem lauten Beyfall der Tribunen,
und der rechten, oder der Jacobiner=Seite der N.
V. auf nichts weniger an, als den König des
Thrones verlustig zu erklären. Einige Deputirten
wollten die N. V. auf den Betrug der 3,054 Unterschriften von 2,100 Activbürgern, und auf das Auffallende des Datums aufmerksam machen, allein das
Gezische der Tribunen ließ sie nicht zum Worte kommen. Il y a un moule d'adresses aux Jacobins!
rief der Deputirte Mayerne. Ein Jacobiner gab
ihm mit dreister Unverschämtheit zur Antwort: Eh
bien! faites aussi un moule d'adresses, et il sera brisé.

Wie die Jacobiner auf den Pöbelhaufen wirken,
mit welcher Zweyzüngigkeit, Keckheit, Unverschämtheit und Arglist sie dann zu handeln pflegen, davon
gibt folgender Brief eines Freywilligen der Pariser
Nationalgarde, des Herrn Gudin, den er im 46
Supplement des Journal de Paris 1792 einrücken ließ,
die auffallendste und augenscheinlichste Darstellung.

„Ich

„Ich ging am 7. April Nachmittags mit zwey „von meinen Cameraden im Palais-Royal spazie-„ren. Wir sahen viele Leute nach der Gallerie des „Café de Foi laufen und sich drängen. Aus Neu-„gier giengen wir auch dahin. Ein Unbekannter, „welcher die Anschlagzettel gegen das Fest der Cha-„teauvieux abgerissen hatte, war von einigen Bür-„gern in Verhaft genommen worden, die, als sie „uns in Uniform erblickten, uns baten, ihn nach „der nächsten Wachstube zu bringen. Allein in dem „Augenblick eilte ein Trupp andrer Leute herbey, „und bediente sich eines Manövers, dessen Bekannt-„machung höchst nützlich ist, damit man die Tactik „kennen lerne, zu welcher sie die Personen abge-„richtet haben, die ihre Werkzeuge sind."

„Anfangs wollten sie sich bloß des Gefangenen „bemächtigen, indem sie einen großen Eifer affectir-„ten, ihn auf die Wache zu bringen: weil wir ihn „aber nicht los ließen, so gaben ein sehr zerlumpt „aussehender alter Mann, und ein andrer, gut gekleii-„deter Herr, ein Zeichen, worauf wir plötzlich ge-„drängt, dann von einander getrennt, und wohl „funfzehn Schritte weit von der Stelle fortgerissen, „oder so zu sagen, fortgetragen wurden, wo der „ganze Vorfall seinen Anfang genommen hatte, und „wo das Zeugniß gutgesinnter Bürger uns hätte un-„terstützen können."

„So bald der Schauplatz verändert war, fing „man an zu schreyen, wir hätten gesagt, man müsse „die

„die Nation im Champ de Mars bombardiren: Zehn
„Stimmen wiederhohlten sogleich! Das ist wahr!
„das ist wahr! wir haben es gehört! Und doch war
„alles falsch und erdichtet, und meine zwey Camera-
„den bemühten sich, mit vieler Mäßigung und
„Klugheit dem großen Haufen begreiflich zu machen,
„welch eine absurde und häßliche Lüge das sey.
„Aber man antwortete ihnen bloß mit dem Geschrey:
„Schlagt sie todt! schlagt ihnen das Gehirn ein!
„Die Gemäßigsten schrieen: reißt ihnen die Natio-
„naluniform vom Leibe. Einige wenige jedoch, die
„nicht zu der angestellten Bande gehörten, sagten:
„Meine Herren, man muß sie erst anhören! Der
„größte Haufen hingegen brüllte, und suchte, uns
„eins zu versetzen."

„Ich, der ich nicht glaube, daß es möglich ist,
„Leute zur Vernunft zu bringen, die Lügner, und
„die gemiethet sind, uns die Nationalgarde zu miß-
„handeln, ich zog vom Leder als man mir zu Leibe
„wollte, und ich einen von meinen Cameraden in
„Gefahr erblickte; es kostete mir wenig Mühe meinen
„Freund zu befreyen, und die Nichtswürdigen zurück
„zu treiben, deren Menge allein uns überwältigen
„konnte. Wohl zwanzig Personen haben mir seit-
„dem versichert, daß Collot d'Herbois einer von denen
„gewesen sey, die vor meiner Klinge zurückprallten,
„und man hat sogar sich mit tausend Geschichten
„getragen, wie ich ihn gefuchtelt hätte; allein ich
„weiß

„weiß nur das mit Gewißheit, daß ich ihn nicht „benierkt habe."

„Ich hatte meinen Säbel wieder eingesteckt; wir „wurden von neuem umringt, und die Bande führte „nun eine ganz andere Sprache. Zu den Bieder: „männern die es für einen Eingriff in die Preßfrey: „heit halten, die Anschlagzettel abzureissen, sagten „sie: wir wären Leute, welche die Anschläge ab: „rissen; und zu andern: wir verhinderten, sie ab: „zureissen: kurz, sie redeten jedem nach dem Maule „und nach seiner Gesinnungsart, wie es Eingeweih: „ten des Palais-Royal geziemt, die darauf abge: „richtet sind, den Mantel nach dem Winde zu drehen, „und durch Verläumdungen den Pöbel aufzuhetzen. „Wir unterschieden einige fremde Aussprachen. End: „lich rief man: wir wären verkleidet; wir wären „keine Nationalgarden. Die Drohungen und das „Gedränge wurden immer stärker, und wir sahen „uns gezwungen, von neuem unsre Säbel zu ent: „blößen, um unser Leben zu vertheidigen, hätte nicht „die Nationalgarde uns aus einer so gefährlichen „Lage errettet. Man brachte mich nach einer Wache, „wo der Officier und meine Cameraden, als sie den „Vorgang erfuhren, mein Betragen mit ihrem Bey: „fall beehreten."

„Zwey von den Quidams, welche die Anschläge „abgerissen hatten, und nachher mir zu Leibe gegangen „waren, wurden nach dem Centralausschuß gebracht."

„Wir

„Wir sind weder verwundet worden, noch haben
„wir jemand verwundet. Aber ich bin versichert,
„daß ohne meinem genommenen Entschluß, einer
„von meinen Cameraden, der es gar nicht ahndete,
„des Todes gewesen seyn würde. Die Keulen die
„man über seinem Haupte schwenkte, und die der
„Anblick meiner Klinge zurückschreckte, wurden an=
„fangs lediglich durch das Gedränge selbst unschäd=
„lich gemacht, welches den Gebrauch der Arme
„hinderte."

„Wir sind nun vollkommen überzeugt, daß auf
„den öffentlichen Plätzen und Promenaden eine An=
„zahl Leute angestellt sind, um die Anschläge abzu=
„reissen, welche sich auf die Constitution berufen
„und beziehen; um die Bürger die ihr treu sind zu
„beleidigen und zu verläumden, und um sie im Noth=
„fall zu ermorden. Die Gewandtheit, welche, son=
„derlich in der Verläumdungskunst, jenes Gesindel
„erlangt hat, das so keck ist, sich das Volk zu nennen,
„da doch ein Theil desselben nicht ein Mahl in Frank=
„reich geboren ist, und ein andrer Theil nur aus
„Vagabunden besteht, diese Gewantheit verräth
„einen Grad der Verderbniß, von der ich keinen Be=
„griff hatte, und die sorgfältig hat genährt und
„ausgebildet werden müssen. Man schließe nun von
„den Dienern auf die Herren."

5.

Porträte einiger Jacobiner und Deputirten:

größtentheils aus handschriftlichen Nachrichten.

Chabot. Sein Beruf zum Gesetzgeber? Eine Capucinerkutte. Es gehört die ganze Dreistigkeit eines Ex-Capuciners und eines Jacobiners dazu, um mit seiner Ignoranz in der Staatswissenschaft, gegen besser Unterrichtete sich so zu brüsten, wie Chabot gethan hat, und noch thut. Er war es, der zuerst mit dem runden Huth auf dem Kopf, in Stiefeln, unfrisirt, und im schmutzigen Oberrock zum Könige unangemeldet ging, und sich so mit ihm besprach. Diese Handlung, die man in Jahrhunderten der Geschliffenheit und Cultur, Insolenz oder Verrücktheit genannt haben würde, wurde in dem Club der Jacobiner laut als echt patriotisch gepriesen. Sein Charakter wurde neulich durch einen Brief noch besser ins Licht gesetzt, den er an einen andern Deputirten geschrieben hatte, und den dieser in die Zeitungen setzen ließ. In diesem Briefe machte sich Chabot anheischig, des Deputirten Meinung zu seyn, und ihn in seinem Vortrage zu unterstützen, wenn er ihm 12000 Livres baar auszahlen würde. In der Denunciation, welche Chabot am 4ten Junius 1792 gegen des Königs Leibwache vorbrachte, worauf die

O 5 Abdankung

Abdankung derselben erfolgte: (ein Streich, der mit dem Vorgang vom 20ten desselben Monaths genau zusammen hing) berief er sich auf die Aussage eines Gardisten, Nahmens Bourdon, die er aus dessen Munde gehört haben wollte. Dieser Bourdon und seine beiden Verwandte schrieben hierauf folgenden Brief an den Präsidenten der National-Versammlung. „Es sind nie mehr als drey unsers Nahmens bey des „Königs Leibwache angestellt gewesen, und nicht Einer „von uns kennt den Herrn Chabot, oder hat ihn je „mit Augen gesehn. Es ist folglich falsch, gänzlich „falsch, daß einer von uns die Niederträchtigkeit ge-„habt hätte, sich an ihn zu wenden, um ein Corps „anzuklagen, von dem wir uns zur Ehre schätzen, „Constitutionsmäßige Glieder gewesen zu seyn. Um „die Nat. Vers. zu belügen, hat er uns verläumdet, „weil er bey der Doppelseitigkeit seines Characters, „sich auf die Vielfältigkeit unsrer Nahmen verließ, „so wie er die Nahmen der Herrn Rouger gemiß-„braucht hat, die ihn eben so wenig kennen wie „wir. . . . Möchte dieser Brief den Herrn Chabot „in Zukunft vorsichtiger machen! Wenn er sich schmei-„chelte, in Einem von uns dreyen einen Nichtswür-„digen zu finden, der fähig wäre ihn bey seinem „schwarzen Vorhaben zu unterstützen, so mag die „Scham, sich geirrt zu haben, ihm eine Lehre seyn. „Die einzige Petition die wir seinetwegen an die „National-Versammlung machen, ist, daß sie mit „uns die Verachtung theilen möge die er verdient.

„Gewiß

„Gewiß wird das Publicum mit Unwillen verneh„men, daß nicht Einer von uns am 29. May die „Wache beym Könige hatte, und daß an dem Tage „wo Herr Chabot mit uns gesprochen haben will, „einer von uns zu Meudon krank lag, der andere „zu Alençon auf Urlaub, und der dritte ebenfalls „abwesend war." — — Ein solches démenti würde jeden Schwächling, der noch an den Vorurtheilen von Scham und Ehre klebte, mit Verwirrung und Kränkung überhäufen; allein ein Patriot im Sinn der Französischen Revolution ist längst über solche Kleinigkeiten hinaus! — Da Chabot auch der Nahme einer Art Gropp- oder Cottfische, (zu Deutsch, Groß-kopf, Kaulkopf) ist, so kam unlängst ein Spötter auf den Einfall, die Beschreibung dieses Fisches aus dem Dictionnaire de Trevoux und der Encyclopédie, im Journal de Paris abdrucken zu lassen, wo sonderlich die Schilderung seines Kopfes (groß, breit, oben plattgedrückt, und im Umfange rundlich; wegen der Dicke des Kopfs nennt man auch diesen Fisch, tête d'âne, und âne), und dann der Zug, daß er sich immer auf dem Grunde hinter den Steinen aufhalte, und auf die Insecten laure, Stoff genug zu Anspielungen und Deutungen gab.

Brissot. Einer der ersten Enragés, und dessen Einfluß auf die N. V. und den Jacobiner-Club, so wie seine heftigen Reden gegen auswärtige Mächte und seine Schutzschrift der Gräuel zu Avignon und

Aix,

ley, aus allen öffentlichen Blättern bekannt sind. Er ist rédacteur des Patriote François, einer der wüthigsten und lügenhaftesten Zeitschriften von Paris. Vor der Revolution stand er in Diensten der Pariser Polizey, und empfing monathlich, wie ihm Camille Desmoulins *) ein anderer Knirps vorwirft, 150 Livres Gehalt von ihr. Seine schön geschriebenen Reisen nach den Amerikanischen Colonien, sind in Deutschland durch Uebersetzungen, Anzeigen und Auszüge bekannt. Unbekannter, obgleich für die Hannickels, Constanzer-Hansse und andre Kraft- und Kniffgenies unsers Vaterlandes unendlich wichtiger, ist ein andres kleines Werk von ihm, das den Titel führt, de la Propriété et du Vol, und das eigentlich, Apologie du Vol contre la Propriété heißen sollte. Herr Brissot (weiland de Warville) bemüht sich alles Ernstes, darin zu beweisen: „das bürger„liches Eigenthumsrecht eine Sünde gegen die Na„tur, ein Umsturz aller natürlichen Begriffe sey… „Das Mauern, Thüren, Schlösser, wodurch man „seinen ausschließlichen Genuß sichert, Beweise der „Tyranney des Besitzers, nicht aber seines Eigen„thums

*) In einem Pamphlet, das den Titel führt: Jean Pierre Brissot démasqué par Camille Desmoulins; mit dem Motto: Factus sum in proverbium. Vorher waren beide gute Freunde; allein wie Leute von dem Schlage es zu machen pflegen: wenn sie sich entzweyen, so werfen sie dann einander vor, was sie von einander wissen.

„thums sind. … Daß Wein, Getreide, und Alles „was der reiche Eigenthümer hat, nicht ihm, son„dern dem gehören, der es braucht.… Daß das „Nahrungs-Bedürfniß jedem Menschen das Recht „gibt, sich Alles dessen zu bemächtigen, was ihm zur „Speise dienen kann, ja sogar seinen Nebenmenschen „zu verzehren; und daß ein andres Bedürfniß, wel„ches Brissot besoin d'évacuation nennt, ihn eben„falls berechtigt, bey jedem Weibe zu schlafen, das „ihm gefällt ꝛc.„ Unsre Leser werden dieses Alles weitläuftiger in besagtem Werke, und sonderlich Seite 274, 284, 289, 293, 310, 313, 315, 322, 332, 333, 338 in der Bibliotheque du Législateur nachlesen können, wo dieses Werk abgedruckt ist.

Nach solchen, alle bürgerliche und moralische Ordnung umwerfenden Grundsätzen, ist es wohl kein Räthsel mehr, wie ein solcher Ex-Bastille-Gefangener und Ex-Polizey-Spion, als er, der Himmel weiß wie? zum Gesetzgeber von Frankreich berufen worden war, sich zum Schutzpatron des Jourdans, und ihrer ganzen Horde von Räubern und Mordbrennern öffentlich aufwerfen, und durch seine Motionen und Decrete, St. Domingo mit Blut überschwemmen, und aus der blühendsten Pflanzstätte einen Aschenhaufen machen konnte *). Mehr ist es Räthsel,

---

*) Wenn so viele Plantagen in Asche verwandelt worden sind; (sagt Desmoulins in der
oben

Räthsel, wie zwey oder drey Deutsche Schriftsteller solche Auswürfe der Natur, als Muster und große Männer anrühmen konnten.

Isnard. Er war Parfümeur zu Marseille, und mag leicht ein besserer Wohlgerüche- und Lavendelwasser-Brauer, als Pfuscher im Staats- und Völkerglück gewesen seyn. Er gehört unter die heftigsten Redner der N. V. Einsmahls sagte er eine große Wahrheit, als er der N. V. empfahl, mit Schärfe durchzugreifen: „Hätte es Ludwig XVI. so gemacht, setzte er hinzu, so wären wir jetzt nicht hier.

Lecointre. Bey den Auftritten der Versailler Octobernacht war er Lieutenant bey der Versailler Nationalgarde, und frischte sie und den Pariser Pöbel zum Morden der Gardes du Corps an. In der Folge nahm er die Wilddiebe und Plünderer der

Königli-

oben angeführten Broschüre) wenn man Weibern den Leib aufschnitt, wenn ein Kind an eine Pike gespießt, den Schwarzen zum Panier diente; wenn die Schwarzen selbst zu Tausenden ermordet wurden, so bist du, Elender, du, die erste Ursache von allen diesen Uebeln. Hat Coblenz uns so viel geschadet, als dein Patriotismus? Glaubst du, daß J. J. Rousseau, der wohl so vielen Patriotismus hatte als du, beym Ueberschlage dieser unvermeidlichen Uebel, die Frage der Schwarzen nicht auf eine andre Zeit verschoben haben würde, er der zu sagen pflegte; daß Freyheit mit dem Blut eines einzigen Menschen zu theuer erkauft würde."

Königlichen, von der Nation nach der Constitution eingeräumten, Gärten und Gehege, gegen das Departement in Schutz. Als Deputirter hat er sich durch seine Denunciationen der Minister ausgezeichnet, worin er sich nicht ermüden ließ, ungeachtet ihm jedes Mahl durch gründliche Gegenbeweise das Maul gestopft wurde. „Alle Minister, sagte er (im Julius „1792) in voller N. V., sind Schurken! Eben habe „ich es einem ins Gesicht gesagt!

Roland de la Platriere. Er war Chemiker zu Lyon, und machte den Unterhändler und Geschäftsmäkler. Er kam aber bald in einen so bösen Ruf, daß, als er Stockschläge empfangen, und die Einfältigen, die sich mit ihm abgegeben, um ihr Geld gepreßt hatte, er endlich Lyon verlassen mußte. Er ging nach Paris, wurde Jacobiner, und endlich Minister. Als man die Nachricht von seiner Minister-Ernennung zu Lyon erfuhr, sagte man öffentlich in den Caffehäusern: Actuellement qu'on a choisi les Ministres dans la boue, il sera curieux de savoir comment ils en sortiront.

Claviere. Er war einer von den Häuptern der Genfer Mißvergnügten 1782. Er ließ damahls zehn wackere patriotische Genfer von den ersten Familien, vier Monathe im engen Gefängnisse schmachten, um von ihnen einen Widerruf der Vermittelung der drey aufgeforderten garantirenden Mächte zu erzwingen; als sie sich aber mit Römischer Standhaftigkeit weigerten,

weigerten, und die Truppen der drey Mächte Genf einschlossen, entfloh er bey Nacht über den See in einem Nachen, nachdem er vorher den Pöbel durch das Blendwerk hartnäckiger Vertheidigungs-Anstalten getäuscht hatte. Er wurde hierauf aus seinem Vaterlande verbannt; er kehrte jedoch nicht in dasselbe zurück, als 1789 die Verbannten die Freyheit erhielten, wieder nach Genf zurückkommen zu dürfen. Allein er arbeitete 1790 mit Grenus daran, Genf in den Zustand von Avignon zu versetzen. Er hat sich seit 1782 beständig zu Paris aufgehalten, und Theil an allen Finanz- und Bank-Agiotagen genommen, die er von Grund aus versteht. Auch arbeitete er damahls unter der Hand den Ausbruch der Französischen Revolution fördern zu helfen. Er ist ein guter, aber äusserst abgefeimter und verschlagener Kopf; er besitzt eine unglaubliche und anhaltende Thätigkeit, scheut keine Arbeit, und hat einen tiefdringenden Blick; allein Eigenliebe, und die Begierde eine Rolle zu spielen, verblenden und beherrschen ihn. Dann fehlt es seiner Beurtheilungskraft an Richtigkeit, und er hält sich für größer als alle großen Männer neuerer und älterer Zeiten. Mirabeau bediente sich seiner sehr stark; sonderlich in Finanz-Angelegenheiten. Er ist der Erfinder der Assignate.

Collot d'Herbois. Er war Comödiant zu Genf, dann Director einer Schauspielergesellschaft, in dieser Stadt

Statt und zu Lyon. Es mangelt ihm nicht an Witz und Talenten, und er ist Verfasser einiger artigen kleinen Stücke. Als Acteur aber konnte er sich etwas Gigantisches und Gezwungenes in seinem Spiel nicht abgewöhnen. Sein Character ist Stolz und Halsstarrigkeit. Nachdem er einige Monathe vor der Revolution als Autor zu Paris gelebt hatte, gesellte er sich zu den Jacobinern, die ihn als ihren Champion brauchen, und wo er sich bey dem Feste der Galeerensclaven von Chateau-vieux, bey verschiedenen Petitionen, in Aufwiegelung des Volks, und durch verschiedene Revolutionsschriften, als ihr Streitgenosse auszeichnete. Er war nahe daran, durch ihre Unterstützung, Justizminister oder Canzler von Frankreich zu werden. Was würde des edeln Aguesseau Schatten gesagt haben, wenn er einen Comödianten zum Nachfolger erhalten hätte!

Caritat, weiland Marquis von Condorcet, unter welchem letztern Nahmen er am meisten bekannt ist. Brissot's Cumpan, und ein eben so heftiger Jacobiner wie dieser. Er schrieb während der zweyten Legislatur einige Wochen lang das Journal de Paris; allein sein Ton war so parteyisch, so schneidend, so Jacobinermäßig, daß eine Menge Abbonenten dieses Blatt nicht länger mithalten wollten, und die Direction gezwungen war, um ihr Journal nicht scheitern zu sehen, seine Redaction einem andern Mann, dem Ex-Deputirten der constituirenden Versammlung,

lung, Herrn Regnaud d'Angely zu übertragen. Viele Häuser und Familien, in welchen Condorcet sonst Zutritt hatte, haben ihm, seit seinen so häufigen motions incendiaires, ihre Thüren verschlossen. Wer sich überzeugen will, welche gänzliche Umwälzung seit der des Französischen Reichs, selbst mit so mathematischen Köpfen, wie Condorcet, vorgegangen ist, der lese sein Wochenblatt la Chronique, und seine Reden und Aufsätze, z. B. den über den Krieg nach, welcher zuerst in Carra's Annales Patriotiques stand, und aus diesen in den Cahiers de Lecture, 1792. No. V. abgedruckt worden ist. Schwerlich kann man ärger deräsonniren, als Herr Caritat in diesem Aufsatz deräsonnirt, worin er z. B. behauptet, daß das Heer eines freyen Volks, wie die Franken, keinen rechten und linken Flügel, kein Centrum u. s. w. nöthig habe. Welche Meinung übrigens selbst seine Herrn Collegen, die keine Jacobiner sind, von ihm hegen, davon ist folgendes Billet Beweis, das einer derselben, der Deputirte Pastoret, im Journal de Paris vom 4. Julius 1792 einrücken ließ.

A. M. Condorcet.

On vient de me montrer M., les injures dont vous m'honorez dans le plat libelle, où, pour 15 Francs par jour, vous outragez tous les matins, la raison, la justice & l'humanité. Je m'empresse de vous en témoigner ma reconnoissance.

Emmanuel Pastoret.

Garan

Garan de Coulon. War Beyſitzer des Inquiſitionsgerichts, le comité des recherches, und einer von Favras Blutrichtern.

Antonelle. Maire und Hauptmann der rothen Brüder zu Arles, Busenfreund und Panegyriſt von Jourdan. Die Bürger verjagten ihn aus Arles mit ſeinen Spießgeſellen, als letztere die Frechheit hatten, eine Proſkriptionsliſte von 25 der beſten Häuſer bekannt zu machen. Sogleich wurde Arles für eine Contre-Revolutionsſtadt erklärt, und von einer Horde Marſeiller eingenommen, und auf das entſetzlichſte gemißhandelt. Antonelle war in der N. V. der Referent dieſes Vorfalls, und nun kann man ſich denken, in welchem Licht er die armen Arleſianer darſtellte.

Cambon. Er war Präſident des Jacobiner-Clubs zu Montpellier, und Verfaſſer der blutdürſtigen Adreſſe dieſes Clubs, zur Zeit der Varenner Entweichung des Königs, worin auf Ludwigs Enthauptung, und ein allgemeines Blutbad der Ariſtocraten, Männer, Weiber und Kinder, angetragen wurde.

Bazyre der jüngere. Seine Schilderung findet man in dem Aufſatze, Züge und Anecdoten aus der Geſchichte der Revolutionen ꝛc. Wir merken nur hier an, daß Herr Tardi, Herr Varnier u. ſ. w. die wegen der verläumderiſchen Briefgeſchichte von Herrn Bazyre's Erfindung, als Verbrecher gegen die Nation zum Verhaft gebracht wurden, am 2ten August 1792, nach einem achtmonathlichen Gefängniß von dem Hochgericht zu Orleans einstimmig, durch 24 weiße Kugeln, für unschuldig erklärt, und wieder auf freyen Fuß gesetzt worden sind. Ein Beyspiel von Tausenden! O Wahrheit, o Duldung, o Gerechtigkeit, wie brandmarken euch die Bazyre! Merlin! Pethion und Consorten.

Manuel, aus Montargis gebürtig; nach Pethion einer der heftigsten Pariser Jacobiner. Er saß eines Pasquills wegen unter der alten Regierung einige Monathe lang in einem Zuchthause. Bey der Revolution machte man ihn zu einem von den Polizey-Verwesern der Hauptstadt. Aber während seine Collegen für die Sicherheit der Pariser wachten, spoliirte er die Archive des Polizey-Hotels; diesem Raube verdanken wir *La Police dévoilée* in 2 Bänden, und die *Lettres de Mirabeau* in 4 Bänden, welche er heraus gab. Die neuen Administratoren der Polizey verklagten ihn dieses Diebstahls wegen, aber ohne Erfolg. Ihr Rapport ist zu Paris bey Lottie 1791 gedruckt. Durch die Cabalen der Jacobiner wurde er mit 1500 Stimmen zum Procureur de la commune de Paris erwählt. Freylich bedeuten 1500 Stimmen nicht viel, wenn man überlegt, daß man 90,000 Activbürger zu Paris zählt; allein so groß war die Kälte und Gleichgültigkeit bey den Wahlen zu den ersten Magistratur-Stellen,

Stellen, und so gegründet die Furcht, gemißhandelt zu werden, daß sich nicht über 5 bis 6000 Bürger — größten Theils verbündete Jacobiner — dabey einfanden. Manuels Absetzung, so wie seine Wiedereinsetzung, werden jedem Leser aus den Zeitungen noch zur Genüge erinnerlich seyn.

Dumourier. Zur Zeit der Polnischen Conföderation erhielt er vom Duc de Choiseul und von Ludwig XV. geheime Aufträge zu Warschau, die oft ganz das Gegentheil von den Aufträgen des öffentlichen Französischen Gesandten waren. Duc d'Aiguillon, Choiseuls Nachfolger, der Anfangs von dieser doublure diplomatique nichts wußte, ärgerte sich über Dumourier's Verwegenheit, ließ ihn zu Hamburg, wohin er sich geflüchtet hatte, arretiren und in die Bastille setzen, bis er nach einem sechsmonathlichen Verhaft auf Befehl des Königs wieder frey gelassen wurde. Bekannter ist sein Nahme nach der Revolution durch die rasche Kriegserklärung geworden, die er, als Minister der auswärtigen Angelegenheiten, auf Anregung der Jacobiner gegen Oesterreich und Deutschland publicirte. Minder bekannt, allein ein äußerst characteristischer Zug von der Staaten- und Menschenkenntniß der neuern Französischen Minister ist folgende Anecdote. Dumourier, der eine Menge Emissarien und Propagandisten im Auslande besoldete, hatte sich von diesen (außer mehrern Lügen, z. B. dem Nichtmarsch der

der Preußen wegen Cabalen am Berliner Hof) auf-
blicken lassen, daß bey den Oesterreichischen Truppen eine Insurrection unter der Asche glimme. Er
meldete dieses den Französischen commandirenden
Generalen, mit dem Zusatz: „Das Zeichen zur De-
„sertion sey Französischer Seits die Anstimmung der
„Opern-Arie: Voyage, voyage qui voudra, wor-
„auf die Oesterreichischen Truppen den folgenden
„Vers singen und dann ihre Fahnen verlassen wür-
„den. Nun wurden die bekannten Angriffe bey
Mons und Tournay beschlossen. Jeder Soldat von
den zwey Corps d'Armée der Neu-Franken, vom
Chef an bis zum Troßbuben, wußte um das Geheimniß des Opern-Signals, und glaubte also zum
gewissen Siege zu marschiren. Als aber die Oesterreicher, statt eine Chanson zu fredonniren, mit Kanonen antworteten, und ihre Reiterey einhieb, da
schrie Alles: Verrätherey! Verrätherey! und ergriff
die Flucht. Die Anecdote ist zuverlässig, und diese
Ministerial-Note mit der Opern-Arie wahrscheinlich
einzig in der Kriegsgeschichte aller Völker.

Kellermann. Als Lieutenant von den leichten
Truppen ließ er sich im siebenjährigen Kriege zwey
Mahl von den schwarzen Husaren im Schlafrocke
aufheben. Bey den Aufwiegelungen der Soldaten
gegen ihre Officiere nach der Revolution entschuldigte
er stets die erstern, und verfolgte die letztern. So
setzte er sich immer mehr und mehr bey den Jacobinern in Gunst.

Le

Le Brun. Jetziger Staatsminister, vor diesem Zeitungsschreiber zu Lüttich, wo er das Journal général zur Zeit des dasigen Aufruhrs schrieb. Als die kaiserlichen Truppen daselbst Ordnung und Ruhe wieder herstellten, flüchtete er nach Paris, wurde dort Redacteur eines Jacobiner-Blatts, und endlich nach dem 10. August — Staatsminister.

6.

Ueber einige Wörter, welche durch die Französische Revolution in Umlauf gekommen sind.

Aristocrat. Die Menschen sind immer dieselben, und lassen sich immer am liebsten durch Worte und Schall leiten. Von jeher war es daher ein Kunstgriff der Factionen und Rottirungen, um den großen Haufen der Mühe des Nachdenkens zu überheben, oder vielmehr um allen Hang dazu bey ihm zu unterdrücken, ihm einige technische Revolutions-Ausdrücke in die Hände zu spielen. Aristocratie, bedeutet ursprünglich nichts weiter, als eine Regierungsform, deren Ruder in den Händen von Männern ist, welche entweder wegen ihrer Geburt, oder wegen

wegen ihrer Einsichten und Rechtschaffenheit, sich vor andern im Staat auszeichnen. Die alten Römer und Griechen gaben daher dieser Art von Regierungsform den Vorzug vor allen übrigen. Die Französischen Revolutionärs hingegen, und ihre Verbündeten in und ausser Deutschland, haben dem Worte Aristocrat, gleichen Sinn mit Despot, Wütherich, Bösewicht beyzulegen gewußt. Sie haben es in eine Brandmarke für alle Classen, alle Stände, deren Untergang sie beschlossen haben, so wie für alle Personen verwandelt, die ihren Zwecken entgegen arbeiten.

Aristocratie, Factionenhaß, bedeuten bey ihnen, Schmach der Menschheit: Staaten-Umsturz, Neuerungssucht hingegen, bezeichnen sie durch Bürgertugend. Kurz, es ist ihnen gelungen, alle Begriffe von Recht und Unrecht auf eine kleine Anzahl Formeln von neuer Erfindung einzuschränken, und aus diesen Benennungen und ihren Nüanzen und Modificirungen ein Kauderwälsch zu bilden, das jedem fremd und unverständlich seyn würde, der vor drey Jahren gestorben wäre, und nun plötzlich wieder aufersttünde. Man zergliedere die Kunstausdrücke der Französischen Revolution, und man wird mit Hamlet ausrufen müssen: — Worte, Worte, Worte!

Freyheit. Tochter der Natur, mit dem sanften und stolzen Blick, dem edlen und festen Gange! Idol des menschlichen Herzens, das ohne dich nicht Freude, nicht Glück kennt! O Freyheit, warum fällt

es

es allen polieirten Gesellschaften, deren Heil und Ruhm du seyn würdest, so schwer, dich in ihrer Mitte zu erhalten?

Du wandelst festen Schrittes einher, gestützt auf Mäßigung und Gerechtigkeit. Das Gesetz, das Ebenmaß der Gleichheit in der Hand, ist dein Vorgänger, und leitet deine Schritte; Sicherheit beschirmt dich; Wohlhabenheit, die Tochter des Fleißes und der Wirthschaftlichkeit, leeret für dich ihr Füllhorn; die nützlichen und die schönen Künste, welche die Seele erheben und mildern, schließen dein Gefolge. Du ehrest das Eigenthum, und scheuest dich, es zu kränken.

Aber Zügellosigkeit, deine freche Nebenbuhlerinn, usurpirt deinen Nahmen, um die Nationen zu verführen und die Reiche zu stürzen. Blind, und mit tausend Händen bewaffnet, schweift sie umher, ohne zu wissen wohin, und verheert auf ihrem Wege Alles was sie antrifft. Wahnsinn leitet sie; Zwietracht schüttelt vor ihr her ihre Mordfackel; Ehrsucht, Verrath, Habsucht, Scheinheiligkeit, unter der Larve einer treulosen Afterphilosophie, bekleiden sie mit deinen Attributen. Elend, das Kind der Faulheit, das nichts fürchtet; Dummheit, die nichts ahndet, und Uebereilung, deren Blick Alles vergrößert, halten dieses Gespenst für dich, und berauschen sich aus dem Giftbecher, den es ihnen reicht.

Dann

Dann tritt sie Gesetze, Eigenthum und Sicherheit mit Füßen; und du fliehest vor dem bluttriefenden Ungeheuer, das zuletzt seine Wuth gegen sich selbst kehrt, sich mit eignen Händen zerfleischt, und unter der schweren Keule des Despotismus sein Leben aushaucht, indem es vergeblich die Reue anfleht, die immer zu spät erscheint.

Gleichheit. „Wahre Gleichheit ist keine absolute Gleichheit, die nirgends in der Welt existirt, die allen Unterschied zwischen Classen und Ständen, Armen und Reichen, Klugen und Thoren, gebildeten und rohen Menschen, aufhebt, sondern eine Gleichheit, die alle Bürger des Staats ohne Ausnahme vor dem Gesetze gleich macht, so daß Talente, vorzügliche Geschicklichkeit und persönlicher Werth, jeden, ohne Rüksicht auf Geburt, Nahme, und andre zufällige Umstände, zu jeder Stelle worin er dem Staate wirklich nützlich seyn kann, so gut als einen andern berechtigen. Eine andre Gleichheit ist Hirngespinst in dem Reiche der Wirklichkeit. Glaubt ihr, ihr guten Bürger, Handwerker und Bauern, daß denen über dem Rhein, und ihren Freunden und Verbündeten diesseits, welche die Gleichheitsprediger machen, es wirklich darum zu thun sey, daß ein ganzes Volk, gleich, im falschen Sinn des Worts, werde? — O nein, sie sehen zu gut die physische und moralische Unmöglichkeit davon ein. Muthet ihnen ein Mahl zu, Handwerker und Bauern wie

ihr

zu werben, und im Schweiße ihres Antlitzes, in den Werkstätten und auf dem Felde ihr Brot zu verdienen? Die meisten von ihnen sind müssige oder unruhige Köpfe, oder Neuerungskrämer, oder Leute die wirklich träumen etwas Gutes zu stiften, oder Ehrsüchtige, aus der so genannten Mittelclasse, die gern Vornehmere, als sie, von ihrem Platze drängen, und sich, wie in Frankreich, an ihre Stelle setzen wollen. Und da so etwas nur durch Gewalt und Uebermannung möglich ist, so suchen sie euch, als den größern Haufen, auf ihre Seite zu ziehn; ihr sollt, nach der bekannten Fabel, die Katze seyn, mit deren Pfote sie die gebratene Kastanie aus der Asche hohlen wollen. Das ist die gute Sache, das ist der Bund für Freyheit und Recht, zu dem sie euch anwerben wollen. Aber, hätten sie ihre Absicht erreicht, o! wie würden sie sich über euch, trotz der gerühmten Gleichheit erheben! Wie würdet ihr dann die Wahrheit fühlen, daß kein Stolz und kein Druck unerträglicher und härter ist, als der Stolz und Druck des Glückpilzes, und des plötzlich empor gekommenen. (Aus: Zuruf eines Deutschen an seine Landsleute ꝛc.).

Menschenrechte. Denkfreyheit. Denkfreyheit ist eines der unveräußerlichsten Menschenrechte, und Duldung ist ihre unzertrennliche Gefährtinn. Als die Französische National-Versammlung ihre Declaration der Menschenrechte, das heißt, der Naturrechte gab,

gab, für die wir in Deutschland längst eigene Lehrstühle hatten, als von einem Pol des Reichs bis zum andern die Posaune von nichts als Menschenrecht! Menschenrecht! ertönte — da ahndete leider! der Kenner der Menschenschwächen, daß es bald von diesen hochtrabenden, überall wiederhallenden Worten, heissen würde: Richtet mich nach ihnen, und nicht nach meinen Werken! — Wenn schöne Worte ein Volk glücklich machten, welches Volk wäre glücklicher als die Frankreicher! Aber so wie ihr Zustand jetzt vor Augen liegt, welche Lehre geben sie den Nationen!

Neue Gesetze ohne Kraft; neue Gerichtshöfe, ohne Willen und Ansehen; die Schwachen und Ruheliebenden, ein Raub der Stärkern und der Rottirer; die Municipalitäten und Staats-Verwalter, Marionetten und Zunftgenossen des Pöbels; Gerechtigkeit, Vertrauen, Sicherheit, Handel, Wohlstand, verkannt oder verschwunden; Papier, statt des Goldes und Silbers; Clubisten statt der Soldaten; anarchische Zügellosigkeit statt einer Constitution; Tribunen-Politik, statt der Staatskunde; Großsprecherey, statt der Thatkraft! — — Welch eine Lehre!

Religion! Tochter des Himmels, Trösterinn des Leidenden! Hoffnung des Sterbenden! auch dich haben die Häupter der herrschenden Faction gekränkt, auch dich wollen sie wie Friede und Eintracht von der Erde verbannen. Deine Diener sind ihnen Knechte des Vorurtheils; deine menschenfreundlichen Wor-

Vorschriften, Aberwitz; deine Aussichten in eine bessere Welt, Träume. Sie, die alle Schranken durchbrachen, alle Bande der Leidenschaften löseten, sie wollten auch diesen letzten, zur Existenz der bürgerlichen Ordnung unentbehrlichen Damm einreissen; diese sicherste Stütze der Gewissenhaftigkeit und der Sittlichkeit des größten Menschenhaufens, zerbrechen; — und wie? mit aller der Verfolgungssucht, aller der Barbarey zerbrechen, welche wahre Philosophie bisher nur den Zeitaltern der Finsterniß und Unwissenheit zur Last legen konnte.

O, wie wird diese falsche Philosophie, wie wird sie beschämt, wie verachtet werden, wenn man von diesem Allem zurück gekommen seyn wird! Und, gewiß, man wird davon zurück kommen, wie man schon von so manchen Thorheiten und Ausschweifungen dieser Welt zurück kam. Dann wird man einsehen, daß alle Uebertreibungen gefährlich sind, und auf gleiche Resultate hinaus laufen, nähmlich Völker und Länder unglücklich zu machen. O wie wird das nächstfolgende Zeitalter, wenn es zu dem geraden, schlichten Menschenverstande, zur wahren Aufklärung, und zu einer Toleranz ohne Laternenpfähle und gespießte Köpfe, ohne Aufruhrapostel und Landesverweisung zurückgekehrt seyn wird — wie wird es über das klägliche und lächerliche Ende seines Vorgängers seufzen oder spotten, und sich auf Kosten seiner Experimente mit Erfahrungen bereichern.

X.

X.

Urkunde des Anfangs der Schweizer.

Revolution; nach Tschudi. Hinblick auf das gegenwärtige Helvetien.

1.
Urkunde.

In selbigen Tagen fügt sich, daß der Landtvogt Geßler (als er von Uri gen Kißnach uff sin Burg spaztieren wolt) durch das Land ze Schwitz reit, darüber er ouch Landt-Vogt was, nun saß zu Steinen in Schwitz ein wiser, eerbarer Mann von altem Wapens genoffen Geschlechts, Wernherr von Stouffach genant, Rudolffs von Stouffachs seligen, (so etwa Land-Ammann zu Schwitz gewesen) Sune. Derselb Wernherr hat zu Steinen dißhalb der Bruck ein schön nuw Huß gebuwen. Wie nun der Landt-Vogt Geßler zum selben Huß kumpt, und Ine der Stouffacher (der vor dem Huß stund) früntlich empfieng, und willkummet, als sin Herren, fragt In der Land-Vogt, weß das Huß wäre? (welches er sunst wol wußt, dann er etwa gegen andern geträwt, er welt Im das Huß nemmen). Der Stouffacher

cher gedacht wol, daß er In nit in gutem frage, wußt wol, daß er Im uffsetzig was, von wegen daß er allweg hantlich darwider, daß man sich nit an die Fürsten von Oesterrich ergebe, sunder bim Römischen Rich und alten Fryheiten blibi, wann diser Stouffacher hat vil Anhang und grosses Ansehen bi den Landt-Lüten. Also gab er dem Landt-Vogt Antwurt: Herr, das Huß ist mins Herrn des Künigs, und üwer, und min Lechen. Der Landt-Vogt sprach: Ich bin an mins Herrn des Künigs statt Regent im Land, ich will nit daß Puren Hüßer buwind on min Verwilgen, will ouch nit daß Ir also fry lebind, als ob Ir selbs Herren sigind, ich wird üchs underston ze weren, und reit hiemit fürtwärt. Diese Red beschwert den Stouffacher vast, und satzt die zu Hertzen. Nun was er ein vernünfftiger, verständiger Mann, hat ouch ein wyse sinnriche Frow, die wol an Im merckt, daß Er betrübt was, und Int etwas schwers anlag, und offnets doch nit. Nun hat Si gern gewußt was Im doch gebrest, und hub so vil an, daß Er Jro anzeigt, was Red der Landt-Vogt mit Im getriben, und versprache sich keins andern, wenn daß Er Im mitlerzitt sin Huß, Herberg, Hab und Gut nemmen werd. Do Si das vernam, sprach Si: Min lieber Ee-Wirt, du weist, daß sich menger frommer Landt-Mann In unserm Land ouch ab des Landt-Vogts Wüterey klagt, so zweiflet mir nit, dann daß vil biderber Landt-Lüten in Uri und Underwalden auch das Tyrannisch Joch trucke, wie
man

man dann täglich hört, daß Ei Ire Not klagend, darumb wäre gut und vonnöten, daß ürwer etlich, die einandern vertruwen dörfftind heimlich zu Rat zusammen giengind, und Nachgedencken hättind, wie Ir des mutwilligen Gwalts abkomnien möchtind, und einandern verhießind bizestan, und bi der Gerechtigkeit ze schirmen, so wurd iich Gott one Zwifel nit verlassen, und die Unbillichkeit helffen tämmen, so wir In von Herzen anruffend. Fragt In daruf, ob Er in den Ländern Uri und Underwalden ze jemand achtbarer Kundtschafft hatte, denen Er vertruwen, sin Not klagen, und von disen Dingen mit Inen Underred haben dörffte. Er gab Antwurt, ja, ich kenn aüba fürnemme Herren-Lüt, die mir insunders geheim, denen ich wol vertruwen darff. Also gedacht Stouffacher in Im selbs, der Frowen Rat mocht nit bös sin, volgt Iro, fur gen Uri, lag da etlich Tag still ze losen, wie der gemein Mann gesinnet wäre. Da hört er von vilen vertruwten Eeren-Personen grosse Klag und Unwillen wider den Landt-Vogt, von wegen des Buws der Vesti, die er Zwing nemnien wolt, und insonders von des Huts wegen, dem man Reverenz bewisen mußt, und merckt, daß alles Landt-Volk Edel und Unedel unbultig, und dem Land-Vogt vient warend, und barfftind sich doch offentlich nit mercken lassen, noch litzit tättlichs wider Ine fürnemmen, dann keiner wußte was Er im Fal der Not am andern fur zucken, und Bistand hette, diewil man umb dasselbe einandern

dern heimlich mit erkunnet, und des Künigs entsitzende grosse Macht und schwere Ungnad, so Er zu Jnen trug, Jnen vil Schreckens bracht. Nun was der Stouffacher fro, daß Er allda den grossen Unwillen wider den Landt-Vogt spürt, gedacht der Sach werd dest besser zu tun, doch vertruwt Er dißmals sin Anligen allein einem namhafften wisen EerenMann von Uri Walther Fürst genant, was Jm vom Landt-Vogt sins Hußes halb fürgeworffen, sagt Jm ouch dabi, wie Er durch sins Eegemachels Rat bewegt worden, Jme als sinem Vertruwten sölches zu klagen, und Rats zu pflegen, ob es nit gut und vonnöten sich wider solchen Thyrannischen Gwalt ze setzen, und heimlich sich zesamnen ze verbinden, und umb Helffer sich ze bewerben? Der Landmann von Uri lobt der Frowen Rat, und erbot sich sins Teils sölchem Anschlag helffen statt ze tun, und zeigt Jm an von dem Gsellen von Underwalden Arnolten von Melchtal, der des Landt-Vogts ze Underwalden Diener ein Finger zerschlagen, wie sich derselb noch bi Jnen in Uri enthielte, wandlete aber vilmalen heimlich gen Underwalden zu den Sinen, und wäre ein tapfferer verständiger Mann, wiewol noch jung, hette ouch ein grosse Bluts-Fründschafft in sinem Land, und sig Jm wol ze truwen, dann Er zu diser Sache von siner Geschicklichkeit wegen sonders wol dienen werde.

Also ward er ouch berufft, und wurdend also diese dry Mann Walther Fürst von Uri, Wernherr

von Stouffach von Schwitz, und Arnold von Melch=
tal von Underwalden, der Sachen ein, daß Si Gott
ze Hilff nemmen, und unberstan weltind, diser Sa=
chen sich ze underwinden, deß schwurend Si ein Eidt
zu Gott und den Heiligen zesammen, und wurdend
nachvolgende Bedingen von Inen abgeredt: Namlich:
Daß Iro jeder sölt in sinem Landt an sine Blutz=
Fründ und andere vertruwte Lüt heimlich werben,
umb Hilff und Bistand, die an sich ziehen, und zu
Inen in Ir Pündtnuß und Eidts=Gelübt ze brin=
gen, und behulffen ze sin wider Ir alte Fryheit ze
erobern, und die Thrannische Land=Vögt, und mut=
willige Herrschafft ze vertriben, einandern bi Gericht
und Recht zeschirmen, und daran Ir Lib und Leben
ze setzen. Doch das nichts desto minder jedlich Land
dem Heiligen Römischen Rich gebürliche Gehorsamme
tun, ouch jeder Mensch sin sonderbare Pflicht, weß
er gebunden, es sig Gottzhüßern, Herren, Edlen
und Unedlen, und mängklich den andern Inländi=
schen oder Ußländischen, wie von Alterhar gebü=
rende Pflicht und Dienst leisten, so verr und die=
selben nit Si von Ir Fryheiten und wider Recht ze
trengen fürnemmind.

Sölchs ward jedem, so in dise Pundtnuß gieng,
vor geöffnet, dann Si nit begertend jemand weder
Geistlichen noch Weltlichen des Sinen, was Im von
Recht und Gewonheit gehört, ze borouben, sonder
allein vor bösem Gwalt sich ze beschirmen, und Ir
alte Fryheit ze handhaben.

Es

Es ward ouch abgeredt, wann etwas fürfiele, daß vonnöten sich ze underreden, daß dann Si Drÿ einandern beruffen, und Nachts zesammen kommen für den Mÿtenstein, so im See stat, under Sewlißberg an einem End, heißt im Rüdlin *), und ob Gott sin Gnad verlihe, daß sich Ir Gesellschafft merete, daß dann Ir jeder zween, drÿ oder mer mit Im (die wiß und behutsam, ouch den Pundt geschworen hettind) in das gemelt Rütlin bringen möcht.

Ouch ward abgeredt, daß Si dise Sach bi der Eidts=Gelübt heimlich halten biß zu der Zit, da Si Iren Pundt gemeinlich in allen drÿen Waltstetten zemal offenbaren wellind, und daß ouch niemand, noch kain Land für sich selbs one Ir aller drÿer Ländern Pundtsgenossen einhelligen Willen und Berathschlagung für sich selbs itzit anfahen noch fürnemmen, sonder ze lyden alles so Inen begegne, biß Si sich mit Gottes Hilff wohl gesterckt, und ein gmeinen Ratschlag miteinanderen tügind, wann, wie, und uff welche Zit Si die Sach in allen drÿen Ländern zemal und uff einem Tag angriffen wellind, damit nit durch sunderer Lüten, odir eins einigen Landts anfachen, die andern Länder verkürtzt möchtind werden.

Q 2

Also

---

*) Grütli: ist ein Ort nicht weit von dem Urner See gelegen; in der schönen Henzÿschen Kupfer=Sammlung ist diese Wiese mit dem Brunnen herrlich und treu abgebildet, und eins der schönsten Kupfer diser Sammlung.

Also ward dise obgemelte Pfündtnuß von den gemelten dryen tapfern Personen in dem Land Uri von erst gemacht und geschworen, davon die Eidgenoßschafft entsprungen, und das Land Helvetia (jetz Schwitzerland genant) wider in sin uralten Stand und Fryheit gebracht worden. Also fur der Stouffacher vast wider heim gen Schwitz, und Erni von Melchtal, mit Cunrat von Boumgarten ab Alzelen, (der zu Stund ouch den Pund schwur) heimlich mit einandern gen Underwalden, da practiciert der ein ob dem Wald, der ander nidt dem Wald, und übt sich jeder in sinem Land, so vast Er mocht, und geschach diß alles im Herbst.

2.

Hinblick auf das gegenwärtige Helvetien.

Freyheit! Freyheit! rief der Rittersmann Göz von Berlichingen, als man ihn aus dem Kerker trug; es waren seine letzten Worte; mit ihnen entfloh seine edle Seele!

Freyheit! Freyheit! tönte es durch Helvetiens Thäler und Berge, und es wurde frey. Sie erschien ihnen

ihnen die Heilige, sie erschien ihnen diesen biedern Alpenbewohnern, und nahm gern ihren ewigen Aufenthalt unter ihnen, denn sie fand sie ihrer würdig. Kein Makel, keine Brandmarke der Bosheit, der Feigheit, des Meuchelmords, schändete ihr Ringen, ihr Kämpfen um die Fülle der Freyheit: es fühlt sich höher und stolzer der Mensch, wenn er einen Blick auf die Annalen der Schweizer-Revolution wirft, denn überall stellt sie ihm eine Gallerie glorreicher, tapferer, edelmüthiger Thaten und Handlungen auf, der Ruhm des Zeitalters, des Volks, der ganzen Menschheit.

Und noch ist Helvetien das Muster eines blühenden Staats; noch sind seine großen Volksfamilien — gleichviel ob in aristocratischer oder democratischer Form — glückliche Volksfamilien; noch wachen die Aeltesten und Erfahrenen des Volks, bieder und patriotisch für sein Wohl; noch leben Ehrfurcht und Gehorsam für die Gesetze; noch glüht Vaterlandsliebe und Tapferkeit; noch entzückt den fremden Wanderer der Anblick des Wohlstandes, der Eintracht, des Segens und Friedens im Lande, ein Anblick, der in der Ferne seine Seele mit süßen Erinnerungen labt, und in ihr den Wunsch nährt; „o wäre meine „Wohnstätte in dem glücklichen Lande!„ *)

*) Unter den Verunglimpfungen, welche die Revolutionäre gegen England und Helvetien mit einer Erbitterung ausstoßen, die Beweis ist, wie

Kampfstätten von Näfels, von Morgarten, von Sempach, von Murten, ich betrat einst euern heiligen Boden; das Andenken der vergangenen Zeiten erwachte in meiner Seele; ich zollte den Schatten der edlen Eidgenossen, die hier kämpften oder fielen, meinen Dank und meine Ehrfurcht. Ohne ihren Muth wäre es um die aufkeimende Freyheit Helvetiens geschehen gewesen; aber ihre Schwerter und Streitäxte öffneten der Himmlischen und ihrem Gefolge einen weitern Eingang in die Schweiz. Welches Herz sollte nicht ihr Gedächtniß an diesen Oertern segnen, die Zeugen ihrer hohen Thaten waren; welcher Mund sollte nicht die Hymne des Danks an der Stelle anstimmen, wo sie stritten; welches Auge sollte nicht mit Rührung auf diesen Klüften, diesen Bergen, diesen Hainen und Ufern weilen, die von Menschengeschlecht zu Menschengeschlecht ihre Gefahren

wie sehr sie das Nachtheilige einer Vergleichung des Flors dieser freyen Länder mit ihrem neuen Frankreich fühlen, zeichnete sich vor einiger Zeit ein Aufsatz im Deutschen Mercur aus, wo der Verf., nachdem er den Wohlstand der Unterthanen Berns eingestanden, und gesagt hatte, daß eben dieser Wohlstand die Unterthanen geneigt mache, die tyrannische Regierung zu unterstützen: (Tyrannen und Wohlstand? o!!!) noch folgende Beweise anführt: 1) Daß die Regierung einen Knabenschänder des Landes verwiesen habe. 2) Daß die Bernerinnen gegen ihre Haus-Informatoren zuweilen nicht tiefe Knickse machen. 3) Daß sie gar eine Gräfinn, nicht Gräfinn, sondern schlechtweg Jungfer nannten. Sind das nicht triftige Beweisgründe?

ren und ihre Siege bezeugen werden, bezeugen, daß hier wenige Hunderte von freyen Bürgern über Tausende der Feinde des Vaterlandes triumphirten *).

Eidgenossen, bleibt würdige Söhne solcher Ahnen; wandelt treulich in den Fußtapfen eurer Väter, beym Licht, das euch die Erfahrung von Jahrhunderten angezündet hat; laßt euch nie durch Neuerungssucht auf Abwege leiten, deren Nothwendigkeit nichts in den Augen der Vernunft zu rechtfertigen vermag. Als die Apostel jener Lehre unsrer Zeit, die, wie die Frucht der Fabel, Tod und Zerstörung in der schönen gleissenden Hülle birgt, als sie auch unter euch den Samen der Empörung und des Staaten-Umsturzes verbreiten wollten, da wandelte euch freyen Männern ein Abscheu an, vor der mordbrennerischen Freyheit, die man euch zu predigen versuchte. Das Bewußtseyn, das Gefühl zweyhundertjähriger genossener Glückseligkeit, überwog, bey einem so vernünftigen Volke wie das eurige, den leeren Wortprunk systematischer Demagogik.

Ohne

---

*) „In meinem Hause, sagte ein alter würdiger Schweizer zu mir, kann ich Ihnen nichts Merkwürdiges zeigen, als die Spieße, die meine Vorfahren zu Morgarten und Sempach geführt haben. Ich hebe sie sorgfältig auf, als das Palladium meines Hauses, und als Ermahnung für meine Familie.„ — Man sieht, die Schweizer vergleichen sich nicht mit den Römern und Griechen, aber sie denken und handeln im Stillen wie sie.

Ohne Rücksicht auf die Worte Aristocrat, Democrat, — Zauberworte, deren man sich mit höllischer Kunst in andern Ländern zu bedienen wußte, um Herzen und Sinne zu verwirren, Zwietracht zu säen, und Brüder gegen Brüder, Nachbaren gegen Nachbaren, Landsleute gegen Landsleute zu waffnen — stand jeder Canton mit Schweizer-Eintracht und Schweizer-Tapferkeit bereit, dem andern beyzuspringen *). Wackere Berner! die ihr so rasch und muthig die

*) Im Jahr 1791 begingen einige Seigneurs und Bürger, durch Mißvergnügte und Propagandisten aufgehetzt, im Pays de Vaud die Feyer des 14ten Julius, mißhandelten die Beamten und das Wapen der Republik Bern, und suchten das Feuer einer Empörung anzuschüren. Die Absicht ihrer Anführer ging dahin, eine Französische Provinz aus dem Pays de Vaud zu machen, wie aus den Untersuchungsacten nun klar erwiesen ist. Allein der größte Theil der Einwohner, und vorzüglich die Landleute, welche drey Viertheile der Volksmenge betragen, weit entfernt, daran Theil nehmen, und die Wohlthaten einer sanften, väterlichen und aufgeklärten Regierung, gegen innere Fehde, Meuchelmord, Verheerung, öffentliche Drangsale, Anarchie, und den Druck einer herrschenden Faction vertauschen zu wollen, weigerten sich und griffen zu den Waffen, um Gesetz und Ordnung aufrecht zu erhalten. Bern schickte eine Commission, und 3000 Freywillige — (wahre National-Garden, die aber die Revolutionäre mit dem Nahme Miethlinge und Söldner belegt haben, weil sie ihrem Beginnen so schnell den Garaus machten) — begleiteten sie. Der Drang dazu war unter der braven Miliz so groß,

die Waffen ergrifft, und dahin eilet, wohin euch der Wink des Vaterlandes rief! es flohn vor euch wie die Truggestalten der Nacht vor den Stralen des Lichts, die Schwärmer und Abgesandte, die im Pays de Vaud die Scenen von Avignon zu wiederhohlen gedachten. Ihr After=Patriotismus vermochte nicht den Anblick eures wahren Patriotismus zu ertragen. Ohne Blutvergießen dämpftet ihr ihren Frevel, und erhieltet euer glückliches Vaterland frey von der Pest die in seiner Nachbarschaft wüthet. Segnend schauten auf euch herab die Geister eurer Väter, und freuten sich in euch echte Schweizer zu erblicken.

groß, daß sie sich in Menge zum Zuge anboten, und ein Bauer auf seine Kosten eine ganze Compagnie ernähren und unterhalten wollte. Die Hauptanführer der Empörer, Rosset, und Müller de la Mothe, wurden zu einem 25jährigen Gefängniß verdammt. Ein Dritter, la Harpe, entfloh nach Frankreich, und wurde Obristlieutenant bey den Freywilligen von Seine=Oise. Im Julius 1792 war er Commendant des festen Schlosses Rodemachern, und machte unter seiner und seiner Officiere Unterschrift bekannt, daß sich die Garnison mit dem Bajonet und blanken Säbel auf Leben und Tod durchschlagen, oder, wenn dieß unmöglich, den Feind einlassen, und sich mit ihm in die Luft sprengen wollte, zu welchem Behufe bereits die Pulversäcke an Ort und Stelle lägen. Um 13ten August erschienen die Preußen, um ihn beym Wort zu halten, und siehe, la Harpe und seine 180 Freywillige nahmen die Flucht, ehe jene sie noch erreichen konnten. Mahlt nicht der Zug den ganzen Mann!

Bürger von Genf! auch ihr vergaßet *) allen Parteygeist, und standet vereint, Ein Sinn, Ein Feuer-Eifer das Vaterland zu schützen, als Grenus und seine Rottirer im Bündniß mit den Horden der Nationalgarden von Gex, und mit anderm Gesindel, vor euren Thoren erschienen, und wähnten, eine leichte Beute in euch zu finden. Da gabt ihr euch die Hände, da schlugt ihr die Verwegenen in die Flucht, da rettetet ihr das Vaterland! Unentweiht prangt nun euer Freystaat noch an Lemans reitzenden Ufern, blühend durch Industrie und durch alle die Früchte weiser Freyheit.

Aber, wo wäre auch der Schweizer, der genug Bösewicht seyn könnte, sich an der Vorstellung des Jammers zu weiden, den er über Helvetien zu bringen gedenkt; der kalt zu sich sagen könnte: „Ich will „im Finstern eine Revolution brüten helfen, welche „diesen Boden, dieses Pflaster mit Blut färben soll, „wo jetzt Alles um und neben mir so froh, so sicher, „so sorgenlos wandelt. Ich will den Schoß der Fa„milien mit Trauer und Wehklagen, und die Herzen „der Rechtschaffenen mit Verzweiflung erfüllen. Ich „will, mit Schwert und Strang in der Hand, Ge„setze

---

*) Die verschiedenen Classen Citoyens, Bourgeois, Natifs, Habitans, welche Grenus, Claviere ꝛc. und andre Jacobiner gegen einander erbittern, und so ihre böse Absichten leichter durchsetzen wollten. Aber was zur Quelle der Zwietracht werden sollte, wurde zu Genfs ewigem Ruhm, zur Quelle schützender Eintracht.

„setze übertreten und vorschreiben. Ich will meine „Nation zu einem Gegenstande des Abscheus und „Schreckens machen; ich will sie dem Elende, der „Entvölkerung, den Zeiten der Barbaren und des „Faustrechts preis geben; ich will Frieden, Industrie und Sicherheit aus ihren Grenzen scheuchen; „ich will ungeahndet alle Rechte Gottes und der „Menschen höhnen, um ein System durchzusetzen, „das meinem Anhange und meinen Leidenschaften „behagt!„ — Nein, Schweizer! solche Bösewichter nährt euer Land nicht, wo Menschenrecht, Duldung und Denkfreyheit nicht in Wörtern, sondern in Thaten und Handeln lebt.

Schweizer, die ihr euch mit der Treue und der Tapferkeit eures Volks, den wüthenden Pöbel=Rotten entgegen dämmtet, welche in der Mordnacht vom 10ten August den letzten Zufluchtsort ihres unglücklichen Fürsten stürmten! Eurer Großmuth, eurer Unerschrockenheit gebührt ein Denkmahl, und die Geschichte und Helvetien werden es euch setzen, vielleicht euch rächen! Zwar frönte das Glück nicht eurem Wunsch, zwar vermischte sich euer edles Blut mit dem Blute der Verworfenen, die ihr dem Orcus opfertet; zwar erlagt ihr, ohne zu weichen, der Menge, wie einst eure Vorfahren bey St. Jacob der Menge erliegen mußten; aber euer Tod ist so rühmlich als Sieg. Eure That ist glänzendes Zeugniß, daß Treue, Gottesfurcht, und Verachtung

der

der Gefahr, selbst in dieser Stadt der Verderbtheit, noch das Eigenthum des Bewohners der Alpen waren! *)

*) Der Graf Offry, Oberster dieser Schweizer, ist derselbe, der bey Yverdun das schöne Denkmahl, dem einzigen Gott, weihte. Man lese die Beschreibung im 2ten Band von Meiners Schweizer-Briefen nach.

Arnold von Winkelried zertrent des Adels Ordnung und macht den seinen eine Gasse 1386.

XI.
Erläuterung der Kupfer.

I.
Arnold von Winkelried zertrennt der Adels Ordnung und macht den Seinen eine Gasse 1386.

Die umständliche Erzählung dieser heroischen That finden die Leser S. 101 u. f. dieses Almanachs. Zur Unterschrift ist eben diejenige gewählt, welche unter Arnolds Bildnisse in der Schlacht-Capelle von Sempach steht.

2.

De Silles edle That bey Nancy 1790.

Der Jacobiner=Club zu Paris hatte durch seine Affiliirten zu Nancy die drey daselbst garnisonirenden Regimenter du Roi, Infanterie, Mestre-de-camp, Cavallerie, und Château-vieux, Schweizer, mit so gutem Erfolge gegen ihre Officier aufhetzen lassen, daß endlich nach einer Menge Mißhandlungen, Mordthaten und Gelderpressungen, der General Bouillé, welcher in dieser Gegend commandirte, es übernahm, an der Spitze eines kleinen Corps von Nationalgarden und Linientruppen das Decret der Nationalversammlung gegen diese Empörer zur Ausübung zu bringen. Allein die Aufrührer, und sonderlich die von Chateau=vieux, nebst dem Pöbel von Nancy, beschlossen, sich zu wehren. Sie ladeten ihre Kanonen mit Schrot und Kieselsteinen. De Silles, ein siebenzehnjähriger Officier unter dem Regiment du Roi, als er sah, daß sein Zureden nichts fruchtete, und daß die Rottirer sich anschickten, die Kanonen gegen die anrückenden Truppen abzufeuern, stellte sich bald vor ihre Mündung, bald deckte er mit seinem Leib und seinen Händen die Zündlöcher. In dieser Stellung gaben einige aufrührerische Soldaten Feuer auf ihn, und verwundeten ihn tödtlich, so daß er ein paar Tage darauf an seinen Wunden starb. Bouillé eroberte Nancy und entwaffnete die

De Silles edle That bey Nancy 1790.

die Aufrührer. Zwey Schweizer-Regimenter *) hielten über ihre Landsleute von Chateau-vieux Kriegsgericht; sie verurtheilten die Haupt-Rädelsführer zum Tode, und belegten vierzig andere mit der Galeerenstrafe. De Sille's menschenfreundliche Aufopferung erhielt das Lob, das sie in so hohem Grade verdient. Die Nationalversammlung ließ an ihn durch ihren Präsidenten einen ehrenvollen Brief schreiben, der aber den Edlen nicht mehr am Leben antraf, und ganz Frankreich wetteiferte, sein Andenken zu feyern. Man verfertigte seine Büste und stellte sie im Versammlungs-Saal der Nationalversammlung auf; man hielt ihm und den Nationalgarden, die zu Nancy geblieben waren, ein öffentliches Leichenbegängniß in Paris; man besang ihn in Oden, und brachte seinen Heroismus auf das Theater. Niemand ahndete, daß nach zwey Jahren an eben der Stätte, die von seinem Lobe wiederhallte, ein Theil seiner Mörder rühmlich aufgenommen werden würde, und daß eben das Camp de Mars, wo man Trauerlieder über seinen Tod anstimmte, der Schauplatz des Triumphs dieser Jacobiner-Patrioten werden sollte. Und doch ist beides 1792 geschehen. Die Jacobiner, im Gefühl der Allmacht, und um ein aufmunterndes Beyspiel zu geben, daß jedes Verbrechen

---

*) Das Schweizer-Regiment Vigier hatte fast einerley Klappen und Aufschläge mit Chateauvieux: die braven Krieger wendeten sie um, weil sie, wie sie sagten, mit solchen Rebellen nichts gemein haben wollten. Ein edler Zug!

brechen ohne Rüge bleibe, ja selbst geehrt werde, so bald nur sie es gut heissen, so bald nur sie ihm das Siegel ihres Beyfalls oder Gebots aufgedrückt haben; — Die Jacobiner befreyten die 40 Galeerensclaven von Chateau=vieux von ihren Ketten, geleiteten sie unter Ehrenbezeugungen von Brest bis Paris, und liessen sie einen triumphalischen Umzug in dieser Hauptstadt halten. Vergebens eiferten gutgesinnte Bürger dagegen; vergebens antwortete Roucher (der Verfasser des Gedichts les Mois), als man ihn zu einem der Municipalität-Deputirten ernannte, welche diesen schändlichen Aufzug verherrlichen sollten: "Ja, ich nehme die Stelle an, aber "mit der Bedingung, daß die Büste des edelmüthi="gen De Silles auf den Triumphwagen gesetzt werde, "damit das Volk den Gemordeten mitten unter sei="nen Mördern schaue!„ Der Triumph fand doch statt, zwar mit einigen Veränderungen, doch immer prunkvoll genug. "Nein!„ rief Gouvion (La Fayettens Waffengefährte und Mentor, der nachher im Gefecht gegen die Oesterreicher einen ehrenvollen Tod fand, wie ihn sein Bruder vor Nancy mit De Silles gefunden hatte), "nein! ich vermag nicht den Anblick "der Mörder meines Bruders zu ertragen,„ und eilte aus der Nationalversammlung hinweg, deren Deputirter er war, so bald sie den entfesselten Galeerensclaven den Zutritt bewilligt hatte.

Unter den Bürgern, welche gegen die Fête de Chateau-vieux schrieben, zeichnete sich vorzüglich
Herr

Herr André Chenier mit einer Wahrheitsliebe und einem Muthe für die gute Sache aus, welche hohe Bewunderung verdienen. Mit prophetischem Geiste sang er im April 1792 in einer schönen Hymne auf diesen Triumph:

Un seul jour peut atteindre à tant de renommée,
  Et ce beau jour *luira bientôt!*
C'est quand tu conduiras *Jourdan* à notre armée,
  Et *La Fayette* à l'échaffaud.

Beides ist im August desselben Jahrs eingetroffen; Jourdan ist zu Paris, und La Fayette ist flüchtig und geächtet.

  Wenn meine Leser finden sollten, daß ich mich zu lange bey diesem Gegenstande aufhalte, so bitte ich sie, zu überlegen, wie lehrreich die Zusammenstellung solcher Widersprüche ist, weil Thatsachen besser als Worte, den Werth oder Unwerth, die Stärke oder Ohnmacht einer neuen Constitution zu würdigen, dienen.

3.

Anacharsis Cloots theilt die Rollen aus zum Possenspiele vom 19. Junius 1790.

Ein gewisser Herr von Cloots, aus Preußisch Westphalen gebürtig, der sich auf den Titeln einiger seiner ältern Schriften ancien éleve de l'académie militaire de Berlin nannte, weil er in einer dasigen Militär-Schule erzogen worden war, wo er aber wegen seiner Unbändigkeit und schlechten Aufführung oft gezüchtigt wurde, und einen übeln Geruch hinterließ; dieser Herr von Cloots setzte am 19. Junius 1790 in der Abend-Session der französischen Nationalversammlung alle ihre Mitglieder, welche nicht um das Geheimniß der verabredeten Farce wußten, nicht wenig in Verwunderung, als er an der Spitze von Engländern, Russen, Pohlen, Preußen, Sachsen, Oesterreichern, Italienern, Schweizern, Brabantern, Spaniern, Chinesern, Genfern, Indianern, Hindus, Türken, Sardiniern, Maroccanern, Arabern, Sicilianern ꝛc. und sogar Chaldäern, erschien, und seine Begleitung als eine Repräsentation der ganzen Welt in einer Nuß, und sich selbst als den Gesandten und Wortführer des ganzen Menschengeschlechts ankündigte. Er hielt eine schwülstige Rede, die ihres gleichen noch so wenig in der Geschichte der Wohlredenheit, als diese Welt-Ambassade selbst in der Geschichte der Völker gefunden hat, „Die Posaune,„ drückte er sich unter andern aus, „welche die Aufer-
„stehung

Anacharsis Cloots theilt die Rollen aus zum Possenspiele vom 19 Junius 1790.

„stehung eines großen Volks verkündigte, ist bis an „die vier Ecken der Welt erschollen, und die Freuden= „gesänge eines Chors von 25,000,000 Menschen ha= „ben die Völker aufgeweckt, welche in einer langen „Knechtschaft schlummerten „ In dem Tone fuhr er fort, und nach reichlichem Weihrauch=Dampf für die N. V. schloß er mit der Versicherung: „Daß die= „ser Volks= Gesandtschaft Beglaubigungsschreiben „zwar nicht auf Pergament geschrieben, aber mit „unauslöschlichen Zügen in die Herzen aller Menschen „gegraben wäre. Daß zwar ihre Völker, trotz der „von der N.V. decretirten Souveränität des Volks, „noch zu Hause unter dem Joche der Dictatoren „schmachteten, welche halsstarrig dabey beharrten, „sich Souveräne fortzunennen: daß aber deßwegen „ihre Sendung doch stillschweigend von ihren Lands= „leuten, den unterdrückten Souverän en, anerkannt „würde.„ — Nun hielt der Chaldäer eine Anrede, halb in Französischer, halb in Chaldäischer Sprache, und der Präsident der N. V. antwortete alsdann dem Ambassadeur du genre humain auf das höflichste und verbindlichste.

Und aus wem bestand diese Ambassade? — Einige Abenteurer — oder wie man sie jetzt zu nen= nen pflegt, Weltbürger — abgerechnet, und noch ein paar andere ausgenommen, die sich aus Possen oder Zeitvertreib dazu geschlagen hatten; bestand sie größ= ten Theils aus gemietheten Parisern, aus Lakayen, Kutschern, Statisten u. s. w., die Herr von Cloots in der Oper-Garderobe als Chineser, Spanier, Hindus, Türken u. s. f. ausstaffirt hatte. Einer von ihnen, der Türke, büßte aber auf eine sehr traurige Weise seine Bezahlung ein. Man hatte ihn für 2 Laubthaler gemiethet, den Türken zu machen, als er aber zu dem Deputirten, dem Herrn Barnave, kam und seinen Lohn verlangte, ließ ihm dieser die Thüre weisen, und er bekam keinen Sold.

Seit dieser Völker-Ambassade hat Cloots sich den Titel Orateur du genre humain beygelegt, welchen er bis auf den heutigen Tag führt. Da er in einer seiner Schriften behauptete, „daß die Christliche Religion die Religion der Sclaven sey,„ so hat er, als ein eifriger Jacobiner, und um consequent zu handeln, seinem Christlichen Taufnahmen entsagt, und sich dafür sehr bescheiden den eines alten Philosophen, des Scythen Anacharsis, angemaßt. Er ist der Verfasser verschiedener Pamphlets und Revolutions-Broschüren, die alle von einem stark verbrannten Gehirne zeugen *). Er erschien seit dem zu wiederhohlten Mahlen in beiden Nationalversammlungen, um Reden zu halten, und ihnen Rathschläge, Winke und Nachrichten zu geben, und jedes Mahl erhielt er die ehrenvolleste Aufnahme. Auch ist

*) Eine dieser Schriften ist L'Orateur du genre humain aux législateurs du genre humain. Salut! überschrieben. Er rühmt sich darin, ein moralisches Griechischer Feuer erfunden zu haben. Seine Briefe datirt er: Vom Chef-lieu du Globe, Anno Eins der Gleichheit!

ist er einer von denen Deutschen Gelehrten (Klopstock, Schiller, Campe), welchen die Nationalversammlung im August 1792 auf den Vorschlag der Jacobiner Chabot und Guadet das Französische Bürgerrecht ertheilt hat. In seiner Danksagungsrede that er ihr den Vorschlag, „den Meuchelmord „des Königs von Preußen und des Herzogs von Braun„schweig *) zu decretiren:„ ein Beweis, daß es mit seiner Verrücktheit wahrscheinlich bis zur Wuth gekommen seyn muß. Seine Rede schloß er mit den Worten: „Mein Herz ist Französisch, und meine „Seele Ohnehosen.„ Gallophile de tout tems, mon coeur est François, et mon ame *sans-culottes*.

Mich dünkt, das Kupfer ist dem Künstler vorzüglich gerathen. Das windige, süffisante Air des Redners des Menschengeschlechts ist trefflich ausgedrückt, und der von seiner Kette los gerissene, in die Garderobe sich geschlichene Affe, der unterdessen, auf einer Kiste sitzend, mit Kronen spielt, ist ein glücklicher, passender Gedanke.

*) Schützende Engel dieser Edlen! wahrt ihr völker-segnendes, ihr thatenreiches Leben vor den heimlichen Dolchen und Giftbechern der Schwärmer und Bösewichter! Gebet eines Deutschen.

4.
Sitzung des Jacobiner-Clubs im Februar 1792.

Der Künstler hat den Augenblick gewählt, wo Carra die ersten Piken vorzeigte.

———

5.

Sitzung des Jacobiner Clubs, im Februar 1792.

Einige Preußische Cürassiers erobern eine Holländische Patrioten Festung 1787.

Greuel zu Avignon 1791.

5.

Einige Preußische Cüraſſier erobern eine Holländiſche Patrioten-Feſtung. 1787.

Dieſe Feſtung war die Uitermeer-Schanze, und der Officier, der ſie eroberte, der Lieutenant von Wieſelizky vom Regiment Kalkreuth, jetzt Ilow, mit 40 Reutern. Er erfuhr auf einer Patrouille, daß die aufgezogene Brücke, welche einen Kanonenſchuß ab auf dem Damme vor der Schanze befindlich wäre, von einem Unterofficier und 6 Patrioten ſo nachläſſig bewacht würde, daß ſie einen Bauer gezwungen hätten, ſtatt ihrer im Regen an der Zugbrücke Wache zu halten. Sogleich begab ſich der Officier mit ſeiner Mannſchaft raſch dahin, wo er auch den Bauer in dem Regenwetter ſeine Wache haltend und unbeſorgt ſtehend fand. Als derſelbe ſich auf das Zurufen der Preußen umſah, und hörte, daß man ihn unverzüglich todt ſchießen wolle, wenn er nicht die Zugbrücke niederlaſſen würde, ſo gehorchte er augenblicklich. Ueber die niedergelaſſene Brücke jagten nun die Reuter auf das Wachthaus zu, und nahmen die 7 Mann gefangen, ehe ſie zum Feuern kommen konnten. Hierauf ging es in vollem Gallop nach

nach der Uitermeer-Schanze, an welcher der Commandant die Laufbrücke offen gelassen hatte. Ueber diese ritten die braven Preußen, mit Verachtung aller Gefahr, so rasch in die stark befestigte Schanze, daß sie die ganze Holländische sorgenlose Besatzung überrumpelten, die gar nicht ahndete, daß über eine bloße Laufbrücke, 3 Fuß breit, zwischen zwey mit Kanonen wohl besetzten Enveloppen, und über zwey nasse Gräben so geschwind in diese Festung zu kommen sey. Der Eingang war auch wirklich so beschwerlich, daß einige Reuter absitzen und die Pferde mit nicht geringer Gefahr hinein leiten mußten, wobey sie sich Gepäcke und Futtersäcke in den engen Thoren abrissen. Außerdem hatte der Commandant 3 achtpfündige Kanonen, mit Kartätschen geladen, nach dem Damm gerichtet, auf welchem der Lieutenant mit seiner Mannschaft ankam. Hätte also nicht dieser die Sache so rasch unternommen, so wäre die Ueberrumpelung nicht möglich gewesen. Er machte in der Schanze 1 Major, 4 Officiere, 8 Unterofficiere und 40 Gemeine gefangen, und erbeutete an Geschütz 15 Achtpfünder, nebst einer großen Menge Munition und Lebensmittel. Diese Begebenheit und mehrere ähnliche

ähnliche Vorfälle im Holländischen Patrioten=Kriege sind neue Beweise, welches Uebergewicht disciplinirte Krieger, die für die gute Sache fechten, über Aufrührer und zusammen geraffte Haufen in Soldatenröcken voraus haben *).

*) New ist eins von den Regimentern, welche jetzt den Siegeszug des Herzogs von Braunschweig gegen Frankreich mitmachen. Wenn man die Rang= und Stammliste der Preußischen Armee zur Hand nimmt, so findet man, daß einige dieser Regimenter schon zu Ende des vorigen und zu Anfang des jetzigen Jahrhunderts unter Prinz Eugen und Marlborough in denselben Feldern siegten, wo sie jetzt sich neue Lorbeern sammeln. Hätte der stolze Ludwig XIV. wohl damahls geahndet, daß eben diese Krieger seinem Ur=Enkel die wankende Krone befestigen helfen würden? —

6.
Gräuel zu Avignon. 1791.

Die hier vorgestellte Anecdote aus dem letztern Blutbade zu Avignon ist folgende. Als Jourdan und seine Mordgesellen unter dem Vorwande, l'Ecuyers Tod zu rächen, viele unschuldige reiche Einwohner umbrachten und plünderten, rissen sie auch einen Kaufmann, Nahmens Lami, aus seinem Hause, und schleppten ihn zur Schlachtbank. Sein zwölfjähriger Sohn eilte ihnen nach, hing sich an ihre Kleider, umfaßte ihre Knie, und flehte um Schonung des Lebens seines Vaters; aber die Barbaren, seiner Thränen und Bitten überdrüssig, erwürgten zuerst ihn, und dann seinen Vater. — Da in einem der folgenden Calender eine umständliche und genaue Geschichte der traurigen Scenen zu Avignon geliefert werden soll, so enthält sich der Herausgeber hier aller weitern Anmerkungen.

7.

Auftritt aus den Sächsischen Bauer-Unruhen 1790.

7.

Auftritt aus den Sächsischen Bauern-Unruhen. 1790.

Man findet seine Schilderung S. 73 und 74 dieses Almanachs.

―――

8.

8.
Die braven Dragoner von La Tour und die Brabanter Patrioten.

Das kaiserliche Dragoner-Regiment von La Tour zeichnete sich vorzüglich bey den Brabanter Unruhen, und zwar zu einer Zeit aus, wo die kaiserliche Macht in diesen Gegenden noch sehr schwach war, und nur durch Tapferkeit ersetzte, was ihr an Anzahl abging. So machte bey Givet dieses Regiment einen Chok auf 5000 Patrioten, warf sie, säbelte eine Menge nieder, und bekam viele Gefangene, worunter auch einige Capuziner waren, die in ihrer Kutte und der kriegerischen Rüstung einen drolligen Anblick bildeten, und dem Löschenkohl in Wien den Stoff zu einer seiner schönsten Carricaturen gaben. Kaiser Leopold belohnte das tapfere Regiment durch drey goldene Ehrenmünzen, welche die General-Statthalterinn mit eigenen Händen an die Leib-Standarte befestigte. In dem jetzigen Jacobiner-Kriege sind diese tapfern Dragoner von neuem das Schrecken und die Geissel der Feinde geworden.

9.

Die braven Dragoner von la Tour und die brabanter Patrioten.

Das Bein-Haus bei Murten.

9.
Das Beinhaus bey Murten.

Die Erzählung dieser wahren und rührenden Anecdote steht S. 143 und 144 dieses Almanachs. Das Beinhaus und die Gegend ist treu nach der Natur copirt.

10.

Cromwell, in Gefahr, von der Hand einer Dame zu sterben.

Ich verweise auf S. 113 des Almanachs. Der Nahme der Dame ist Lucretia Creinwill.

Cromwell in Gefahr von der Hand einer Dame zu sterben

Schwedens edler König fällt durch Meuchelmord.

II.

Schwedens edler König fällt durch Meuchelmord.

Die Haupt=Umstände von des edlen Gustavs III. Tod sind noch zu frisch im Andenken, als daß sie hier wiederhohlt zu werden brauchten. Ankerström, sein Mörder, that einen tödtlichen Schuß auf einem Masken=Ball nach ihm; er wurde hingerichtet, bald darauf stahl man seine Hand und seinen Kopf vom Pfahl, wahrscheinlich um als Reliquie in irgend einer Loge der neuen Freyheits=Lehre aufbewahrt zu werden. Seinen Mitschuldigen schenkte der Herzog=Regent das Leben, und verwies sie zum Theil aus Schweden; sie gingen, wenn man den öffentlichen Zeitungen glauben soll, nach Frankreich und Italien. Doch wehe ihnen, wenn ihnen wo ein biederer Dalecarlier auf ihrem Wege begegnen sollte.

Als Gustav, wie seine großen Vorbilder, Gustav bey Lützen und Carl bey Friedrichshall, durch die Hand des Meuchelmörders fiel, da erschollen durch ganz Europa Gerüchte, er sey ein Opfer der Jacobiner=Verschwörung und ihrer bekannten Loge des tyrannicides geworden, deren Existenz unläugbar ist. Die Simonsche Zeitung zu Straßburg bemühte sich, diese Gerüchte zu bekräftigen. Camille Desmoulins zu Paris, in dem Prospectus seines Journal de la Municipalité, gebraucht die merkwürdigen Worte: Un Tyrannicide *affilié aux Jacobins*, Ankarström,

tue

tue Gustave qui devoit être le chef de la ligue des despotes.' Andere Jacobiner, Brissot, Cloots ꝛc. nennen ihn noch in ihren Schriften nicht anders, als den Märtyrer, den Brutus=Ankerström. Nimmt man dazu, was in unsern Tagen (im August 1792) geschehen ist, daß ein Deputirter, Jean de Brie, die Stirne haben durfte, öffentlich die Nationalversammlung aufzufodern, 1200 Banditen zu Fürsten=Mördern förmlich in Sold zu nehmen, und daß sogar zwey Mitglieder dieser Versammlung (freylich zwey Erz=Enragés, die Herren Chabot und Merlin) sich anboten, in diesem Mörder=Corps zu dienen!! — — so muß man bekennen, daß diese Gerüchte, wenn gleich nicht die Gewißheit, doch wenigstens viel Wahrscheinliches, auf ihrer Seite haben. da bekanntlich der König von Schweden einer der eifrigsten Gegner der Französischen Revolution war. Vor Zeiten beschuldigte man die Religions=Schwärmer, den Königen nach dem Leben zu trachten; jetzt ist die Reihe an die Philosophen gekommen, und welche Philosophen? — Gütiger Gott! sie sind nicht von der Religion der Cicerone, der Socraten, der Bacone, der Locke, der Leibnitze!

Ich habe Deutsche Democraten Ankerströms That entschuldigen und rechtfertigen hören, als ob nicht — wir wollen den König ganz bey Seite setzen, und nur den Menschen in ihm betrachten — als ob nicht jeder Meuchelmord schon an sich das Feigste und Niederträchtigste wäre, wodurch sich ein Mensch entehren kann.

kann. Aber vergebens winden jene sich, das zu läug=
nen oder zu beschönigen. Laut ruft in ihrem Innern
eine Stimme: Ja, feig und niederträchtig ist jeder
Meuchelmord!

Anhänger der Französischen Revolution schildern
Gustav mit den Zügen eines Nero und Tiber. Und
was that er im Jahr 1772? — Er rächte die Rechte
der Nation; er gab sich die seinigen wieder, und stellte
die Grundfesten der alten Constitution und das Gleich=
gewicht zwischen Freyheit und Monarchie her. Um
diese Revolution zu bewirken, nahm er seine Zuflucht
weder zu Pasquillen, noch zu Mordthaten; er ver=
brannte nicht die Güter und das Eigenthum seiner
Widersacher; keines Haupt sank unter dem Beile sei=
ner Henker, oder dem Schwerte seiner Krieger; er
drückte dieser großen Begebenheit das Gepräge von
Mäßigung auf, das ihre Gerechtigkeit bezeugte und
für ihre Dauer bürgte. Die See= und Landmacht,
der Handel und Wohlstand seines Reichs, sein Gewicht
in der politischen Wagschale, die Künste und die In=
dustrie wuchsen und gedeihten unter seiner Regierung.
Er vermochte zwar nicht, den Keim des Factionsgeistes
zu ersticken, aber er wußte ihn im Zaum zu halten.
Selten strafte er, oft verzieh er solchen Undankbaren,
wie sein Mörder war. Wohl kein Monarch hatte
innigere Freunde, ergebenere Unterthanen, unversöhn=
lichere Feinde. Im Russischen Kriege kämpfte er zu=
gleich mit Verräthern von innen, und mit tapfern

Fein=

Feinden von außen, und ihn unterstützten nur höchst geringe Hülfsmittel. Europa war Zeuge seiner Thätigkeit, seiner persönlichen Tapferkeit und seiner Seelenstärke, die kein Unfall schwächen konnte Er war unermüdet und überall gegenwärtig. Heute focht er in Finnland, und morgen befand er sich auf dem Wege nach Stockholm. So durchflog er rast= und ruhlos seine Provinzen, vereitelte durch seine Gegenwart die ihnen drohenden Gefahren, und eilte dann wieder zurück, um in den ersten Reihen seiner Flotte oder seines Heers zu streiten. Wenige Fürsten besaßen einen so ausgebildeten Geist, wie der König von Schweden. Er sprach correct die Haupt=Sprachen Europens, und las ihre vorzüglichsten Schriftsteller. Er schrieb, wie der Canzler Oxenstiern Sein Styl war gedrängt, kräftig und klar. Die meisten wichtigen Depeschen und Staatsschriften setzte er mit eigener Hand auf. Er sprach das Schwedische mit vieler Anmuth, und diese Vorzüge und sein populäres Wesen gewannen ihm frühzeitig das Herz seines Volks und seiner Truppen.

Mögen politische Schwärmer in sophistischen Phrasen seinen Ruhm zu verunglimpfen suchen; sein Andenken wird doch bey der Nachwelt die Diatriben ihres Hasses überleben!

Constitutionelle Freiheit des Pouvoir exécutif d. 20 Junius 1792.

12.

Constitutionelle Freyheit des *Pouvoir exécutif* den 20. Junius 1792.

Der 20ste Junius war nur der Vorbote vom 10ten August. Vielleicht wäre er eben so blutig, als dieser gewesen, hätten nicht die wenigen Nationalgarden, die den König umgaben, Kälte genug gehabt, keinen Gebrauch von ihren Waffen zu machen, und hätte man sich nicht sorgfältig gehütet, dem wilden, eindringenden Haufen den geringsten Widerstand entgegen zu setzen. Man öffnete ihm alle Zugänge und Thüren, und mehr denn 2000 derselben drängten sich in der Zimmer-Reihe, wo der König in einer Fensteröffnung stand, nur von fünf oder sechs Nationalgarden umgeben, welche in dieser critischen Minute Muth genug hatten, ihm gleichsam einen Wall mit ihren Körpern zu bilden. Der Pöbelhaufe, unter Anführung des Bierbrauers Santerre, bestand aus Leuten in Nationalgarden-Uniform, aus Weibern, Kindern und dem niedrigsten Gesindel, mit Flinten, Säbeln, Piquen, Gabeln, Beilen, Knitteln, kurz mit allen Arten von mörderischen Waffen gerüstet. Sie zogen unter Vortragung einer Fahne einher, einem Paar zerrissener Hosen, an einer Stange befestigt, einer groben Anspielung auf ihren Partey-Nahmen Sans-Culottes. — Es war die Procession der Ligue, nur in einer weit scheußlichern, weit wilthigern, weit rasendern Gestalt. Von ihren Lippen ertönte beständig das Geschrey: Vive la Nation! A bas le Veto! und die schändlichsten Schmähungen, sonderlich gegen die Königinn, zu schändlich, als daß man sie hier wiederhohlen könnte. Ein blutendes Rinderherz mit der Umschrift: Coeur d'Aristocrate, und ein Papier mit der Aufschrift: Tremble Tyran, wurden auf Piquen dicht vor dem König vorbey getragen, und ihm unter die Augen gehalten. Vanot, Commandant des Bataillons St. Opportune, parirte einen Piquenstoß, den einer dieser Bösewichter mit dem Ausruf: Où est-il le B...? auf den König that. Der König schwitzte unterdessen unter der wollenen rothen Jacobiner-Mütze, die ihm ein Taglöhner über die Ohren gestülpt hatte, so wie sein Sohn, der Dauphin, dem man in dem Qualm der Menschenmasse ebenfalls eine solche schwere Mütze aufsetzte, und dem dicke Schweißtropfen über die Wangen rollten, ohne daß das schüchterne Kind es wagte, sie abzunehmen, bis es endlich die Königinn that, die überhaupt in diesen gräßlichen Minuten eine Größe und Ruhe der Seele verrieth, wie sie sich von einer Tochter der großen Maria Theresia erwarten lassen. Auch der König bewies sich kalt und männlich: er leerete, unbesorgt, ob es Gift oder Wein sey, ein Glas, das ihm ein Nationalgardiste reichte. — —

Doch

Doch was sollen wir uns länger bey den Gräueln eines Tages aufhalten, die nur Vorspiel vom 10ten August und vom 2ten September waren, und durch die Bubenstücke dieser beiden Tage so unendlich übertroffen werden?

Die Schilderung dieser zwey Mord=Tage (die jedes Menschenfreundes Herz mit Wehmuth und Grausen erfüllen, ungeachtet wir sie nur noch aus einseitigen Quellen berichten können, gehört nicht in den Bezirk dieser Kupfer=Erklärung; allein es sey uns erlaubt, hier einige Winke von den Maßregeln der Jacobiner zu geben, welche jene Plane und Auftritte schon längst ahnden ließen.

1) Die Abdankung der constitutionellen Leibwache des Königs unter den nichtigsten und unerwiesensten Scheingründen. Diese Abdankung stritt schnurstracks gegen die klaren Worte des Gesetzes. Allein die Faction sah wohl ein, daß die 1800 zum Theil berittene, und wider Erwartung dem Könige ergebene Leute in Verbindung mit der tapfern Schweizerwache den Angriff ihrer Pöbel=Horden vereiteln könnten.

2) Die Zusammenberufung des bewaffneten Abschaums und der unruhigsten Köpfe der Departements, sonderlich der südlichen, unter dem Nahmen der Fédérés, nach Paris. Fast alle Anhänger Jourdans befanden sich darunter,

und bekanntlich haben sie auch wirklich ihre Thaten zu Avignon durch die Scenen zu Paris weit übertroffen. Die wahre Absicht der Zusammenberufung war allen biedern Mitgliedern der Nationalversammlung und allen gutgesinnten Bürgern kein Räthsel. Beweise davon sind ihre (fruchtlosen) Protestationen, die man in allen damahligen öffentlichen Blättern und in den Protocollen der Nationalversammlung nachlesen kann, und worin sie nicht allein was erfolgt ist prophezeihten, sondern auch den Jacobinern mit trockenen Worten ins Gesicht sagten, „sie bez„zweckten mit diesen Fédérés nichts weiter, als „eine mit Schießgewehr und Kanonen versehene „Macht bey der Hand zu haben, um den guten „Theil der Nationalgarde im Zaum zu halten „oder abzuschrecken, weil sie mit ihren Piqueni„rern gegen dieser Musketen=Feuer im Fall eines „Handgemenges nicht durchzudringen fürchteten." Eben diese Piquen, und eben diese Bewaffnung des Haufens des Pöbels mit dieser Waffe, welche auf Befehl und Kosten der Jacobiner geschah, gehört auch unter die Zurüstungen zur Ausführung dieses Projects.

3) Die in der Nationalversammlung erzwungene Decretirung, daß die Terrasse des Feuillans an den Thuillerien ein Volks=Eigenthum sey, ungeachtet dieses von neuem ein Bruch der constitutionellen Gesetze

Gesetze war, und ungeachtet die Gutgesinnten in der Nationalversammlung bewiesen, daß dadurch die Attroupemens erleichtert und befördert werden würden. Aber letzteres war eben die Absicht.

4) Die ungerügten, gewisser Maßen in der Nationalversammlung gut geheissenen Ermordungen und öffentlichen Mißhandlungen der eifrigen Nationalgarden durch die Fédérés und Piquenirer, ja selbst der Deputirten, die gegen die Jacobiner gestimmt hatten.

5) Die Anwesenheit des Herzogs von Orleans seit dem 30sten Julius, und die Winke, die in allen gutgesinnten Pariser Blättern sogleich gegeben wurden, „daß der Herzog neue Plane brüte, und mit Schmiedung von allerhand Ränken und Anschlägen im Finstern beschäftigt sey„

6) Die Weigerung der Municipalität, die vom Könige gesuchte Haussuchung in den Thuillerien zu thun, wodurch denn freylich das lügenhafte Gerüchte von einem depôt d'armes und die dadurch erzeugte Erbitterung bündig widerlegt worden wäre.

7) Die Bemühungen der Jacobiner, dem Volke in den Thuillerien den Mittelpunct aller gegen Frankreich gemachten Anschläge und Angriffe vorzuspiegeln. Deßwegen streute man nicht allein die schändlichsten Pasquille aus, und log eine

neu projectirte Flucht des Königs, wenn gleich die Municipalität=Beamten und Officiere, welche in derselben Nacht in den Thuillerien gewesen waren, das Gegentheil bezeugten; sondern ihre Redner in der Nationalversammlung nannten auch die Thuillerien noch wenige Tage vor dem 10ten August nicht anders, als le pays ennemi, ... les conspirateurs des Thuilleries, und ließen Petitionäre an den Schranken erscheinen, welche die Zerstörung dieser zweyten Bastille der Nation verlangten.

Der Leser wird in der Zusammenstellung dieser Gründe und Puncte den besten Maßstab zur Würdigung der Glaubwürdigkeit finden, welche die Jacobiner und die Nachbetereyen ihrer Anhänger verdienen, wenn sie die Schuld vom Blutbad des 10ten Augusts dem unglücklichsten und unmächtigsten aller Monarchen, dem Könige Ludwig XVI., aufbürden, und mit einer Keckheit sonder Gleichen behaupten, er habe an diesem Tage eine Verschwörung gegen Paris und eine Gegen=Revolution im Sinne gehabt. — Eine Gegen=Revolution, einen Angriff mit acht hundert Mann, denen es an Kanonen, Munition und Waffen gebricht, gegen 100 Kanonen und 200,000 mit Flinten, Piquen und allen Gattungen mörderischer Werkzeuge gerüstete Rasende???

Eben so verhält es sich mit denen angeblich in des Königs und der Königinn Schreibpulten gefundenen verfänglichen Papieren. Denn Wochenlang vor dem 10ten

10ten August las man schon in dem Supplemente zum Journal de Paris und in der Gazette universelle eine Denunciirung einer von Jacobinern projectirten Schmiedung königlicher Briefschaften dieses Inhalts, um damit seine Absetzung und Translation zu rechtfertigen. Ueberhaupt wird noch jedem mit den Details der Französischen Revolution vertrauten Leser der alte Kunstgriff erinnerlich seyn, in den Taschen der Schlachtopfer der Volkswuth, z. B. zu Valence, Aix, Grenoble u. s. w. stets gravirende Briefe finden zu lassen, die der Ermordete just in dieser Stunde hatte zu sich stecken müssen, um seinen Henkern einen scheinbaren Vorwand an die Hand zu geben.

Wie sehr übrigens den Jacobinern daran gelegen sey, das Blutbad vom 10ten August und den häßlichen Eindruck von sich abzuwälzen, den diese Mordscene auf jeden Biedermann und auf jedes Zeitalter wirken muß, beweiset auch eine neue Broschüre aus ihrer Fabrik, eine Geschichte des 10. Augusts und der Bartholomäus-Nacht unter Carl IX., um die Aufmerksamkeit und Theilnahme des Lesers durch letztere zu theilen und zu schwächen. Als ob eine Schandthat eine andere entschuldigen könne, und als ob dadurch mehr bewiesen würde, als daß der Pariser große und niedere Janhagel in der Bartholomäus-Mordnacht eben so feig, heimtückisch und blutdürstig handelte, als am St. Laurentius-Tage 1792. —

XII.

XII.

Nacherinnerung
des Herausgebers
zu
der Anmerkung S. 68 dieses Almanachs.

In einem der neuesten Stücke des Schleswigschen Journals hat Herr Professor Trapp auf das feyerlichste die Verfertigung dieses Journals in Braunschweig und allen fernern Antheil daran geläugnet. Da nun diese Läugnung so feyerlich und so öffentlich geschehen ist, und ihr nichts abgeht, als der Glaube des Lesers, den man ihr aber nicht versagen kann, ohne wichtige und öffentliche Gegengründe zu haben, so hat der Herausgeber diese Gegen-Anmerkung jener Anmerkung S. 68 zur Steuer der Wahrheit beyfügen wollen,

Joh. Chr. Dieterich's neue Verlagsbücher.

Althof pract. Bemerkungen über einige Arzneymittel.
  1. B. 20 Ggr.
Bartels Briefe über Kalabrien und Sizilien. 3 Bände.
  5 Rthlr. 8 Ggr.
Blumenbachs Bildungstrieb, neue Aufl. 12 Ggr.
  — Bibliothek, Bd. 3s St. 8 Ggr.
  — Handbuch der Naturgeschichte. 4te Auflage.
  1 Rthlr. 10 Ggr.
Bouterweks Parallelen. 8 Ggr.
Budbergs, Frh. von, Versuch über das Alter der
  Oelmahlerey. 8 Ggr.
Briefe über einige mineral. Gegenstände von Hr. P.
  Camper, a. d. Franz. von Meyer. 20 Ggr.
Donamar, Graf, Briefe geschrieben zur Zeit des
  siebenjährigen Kriegs in Deutschland. 2 Theile.
  1 Rthlr. 20 Ggr.
Eichhorn, J. G., Commentarius in Apocalypf. Ioannis.
  2 Vol. 2 Rthl.
Erxlebens Anfangsgründe der Naturlehre. 5te Aufl. 8.
  1 Rthlr. 12 Ggr.
Gatterers Begriff der Geographie. 8. neue Aufl.
  2 Rthlr. 8 Ggr.
Gemählde aus d. Zeiten der Väter. v. Walafried. 8.
  16 Ggr.
Gmelins Grundriß der Pharmacie. 8. 20 Ggr.
Heyne Additamenta ad lection. varietat. in Pindari
  Carminum ed. Gott 1773. 4. Rthlr.
Koppe Nov. Test. vol. VI. cur. Tychsen. ed. II. 8.
  1 Rthlr. 8 Ggr.
  — — vol. VIII. Scripf. Heinrichs. 16 Ggr.
  — — Predigten. r Band 1 Rth. 1 Ggr.
Links Annalen der Naturgesch. 1 St. 7 Ggr.
  — Verf. einer Anleitung der geolog. Kenntniß der
  Mineralien. 12 Ggr.
Mareholls Predigten. Bde. 2 Rthl. 4 Ggr.
Meisters pract. Bemerkungen aus dem Criminal= und
  Civilrechte. 16 Ggr.
  — principia iuris crimin. german. commun. ed. II.
  1 Rthlr. 8 Ggr.

Meyers Magazin für Thiergeschichte. 1 Bd. 18 St.
m. K. 7 Ggr.
Müllers Beschreib. eines neuen Werkz. zum Nivelliren
und Wasserwägen. m. 1 K. 3 Ggr.
— Analytische pract. Abh. über die Verzeichnung
großer gedruckter Bogen. 8 Ggr.
Murray Apparatus. vol. VI. a Althof. 16 Ggr.
— Arzneyvorrath. 6r B. v. Althof. 16 Ggr.
Musenalmanach oder poetische Blumenlese auf das
Jahr 1793. 16 Ggr.
Neldmanns Geschichte der Auffklärung in Abissinien,
v. Frh. v. Knigge. 1 Rthlr. 20 Ggr.
Olaudah Equiano's oder Gustav Wasa's Lebensbe-
schreibung, a. d. Engl. m. K. 1 Rthlr.
Raffs Geographie für Kinder. gr. 8. 3 Bände. 3 Rthlr.
———— kl. 8. 2 Thle. 20 Ggr.
— Naturgesch. für Kinder. kl. 8. 4. Aufl. 20 Ggr.
Richters Bibl. 11r 12r B. 2 Rthlr. 16 Ggr.
Recueil des principaux Traités. par Martens. 3 vol.
5 Rthl.
Romane des braunen Mannes. 8r B. 1 Rthlr.
Runde deutsches Privatrecht. 1 Rthlr. 12 Ggr.
Scharfs, C. B., statist. topogr. Sammlung zur Kenntniß
aller Chrf. Brschw. Lüneb. Provinzen. 1 Rthlr. 12 Ggr.
Tableau Statist. de l'Allemag. p. Emmert. 8 Ggr.
Taschencalender oder Handbuch zum Nutzen und Ver-
gnügen. 16 Ggr.
Derselbe in Französ. Sprache. 16 Ggr.
Vorschläge, patriotische, zur Verminderung der Con-
sumtion des Zuckers. 5 Ggr.
Vorübungen zur pract. und theoret. Geometrie für
Kinder. 8 Ggr.
Walchs geneal. histor. Handbuch. 1r Th. 18 Ggr.
Wolfs Compend. zum Vortrag über die Experimen-
talnaturlehre. 1 Rthlr.
Woltmanns Beiträge zur hydraulischen Architectur.
2 Bande. 1 Rthlr. 16 Ggr.
Zieglers theol. Abhandlungen. 1r Bd. 18 Ggr.

www.ingramcontent.com/pod-product-compliance
Lightning Source LLC
Chambersburg PA
CBHW030804230426
43667CB00008B/1057